Sé el humano que tu perro necesita

SPANISH 636.7 CONDE MONTOYA
Conde Montoya, Adrian
Se el humano que tu perro
necesita : cuida su
salud, alimentation y
bienestar

ADRIÁN CONDE
@ADRIANCONDE.VET

Sé el humano que tu perro necesita

Cuida su salud, alimentación y bienestar

Grijalbo

Papel certificado por el Forest Stewardship Council®

Primera edición: febrero de 2023
Primera reimpresión: febrero de 2023

© 2023, Adrián Conde Montoya
© 2023, Penguin Random House Grupo Editorial, S.A.U.
Travessera de Gràcia, 47-49. 08021 Barcelona
Imágenes de Ramon Lanza

Penguin Random House Grupo Editorial apoya la protección del *copyright*.
El *copyright* estimula la creatividad, defiende la diversidad en el ámbito de las ideas y el conocimiento, promueve la libre expresión y favorece una cultura viva. Gracias por comprar una edición autorizada de este libro y por respetar las leyes del *copyright* al no reproducir, escanear ni distribuir ninguna parte de esta obra por ningún medio sin permiso. Al hacerlo está respaldando a los autores y permitiendo que PRHGE continúe publicando libros para todos los lectores.
Diríjase a CEDRO (Centro Español de Derechos Reprográficos, http://www.cedro.org) si necesita fotocopiar o escanear algún fragmento de esta obra.

Printed in Spain — Impreso en España

ISBN: 978-84-253-6298-9
Depósito legal: B-22.413-2022

Compuesto en Fotocomposición gama, sl
Impreso en Gómez Aparicio, S.L.
Casarrubuelos, Madrid

GR 62989

*A mi perra Kira por enseñarme lo que realmente
es compartir mi vida con un perro*

*A mis padres, porque me han apoyado en mis decisiones,
aunque conllevaran remar a contracorriente, y han
permitido que me equivocara cuando así ha sido*

*A mis Animaloides, mi familia virtual,
sin los cuales este libro no sería posible*

Índice

Introducción 9

Cap. 0: El perro. Qué tipo de animal tienes en casa 13

PRIMERA PARTE: SALUD
Cap. 1: Enfermedades más frecuentes 25

Cap. 2: Medicina preventiva 35

Cap. 3: Primeros auxilios 51

Cap. 4: 10 mitos sobre la salud del perro 63

SEGUNDA PARTE: ALIMENTACIÓN
Cap. 5: Bases de la nutrición en los perros 71

Cap. 6: Alimentación altamente procesada 85

Cap. 7: Alimentación natural cruda (BARF) 97

Cap. 8: Alimentación natural cocinada 119

Cap. 9: Recetas naturales, suplementos y complementos 131

Cap. 10: 10 mitos de la nutrición canina 143

TERCERA PARTE: EDUCACIÓN
Cap. 11: Empezando por la base 151

Cap. 12: Lenguaje canino 163

Cap. 13: Necesidades del perro 175

Cap. 14: Educación básica 189

Cap. 15: Emociones y problemas emocionales 203

Cap. 16: 10 mitos de la educación canina 211

Conclusión 217

Notas 219

Introducción

¡Hola! Permíteme que me presente, soy Adrián Conde, doble graduado en Veterinaria y Ciencia y Producción Animal. Mi intención a la hora de escribir este libro es transmitirte los conocimientos necesarios para que puedas dar una buena calidad de vida a tu perro.

La pregunta que suelen hacerme cuando comento mi profesión es si siempre he querido ser veterinario, y mi respuesta es un rotundo sí, desde que tengo memoria. Los animales siempre me han gustado mucho, hasta el punto de que he aprovechado todos los veranos en el pueblo para casi compartir más mi tiempo con los animales que con las personas. No sé si alguna vez te has parado a pensar las cosas que se aprenden observándolos. Conforme fui creciendo, la idea de dedicarme al mundo animal se fue confirmando, y, con mucho esfuerzo y muchos cambios en mi vida, pude llegar a alcanzar mi sueño.

Cuando comencé a formarme en el sector animal, primero como adiestrador y auxiliar de veterinaria antes de empezar la carrera, me di cuenta de que había muchas personas que compartían su vida con su perro y que desconocían muchos aspectos básicos sobre el tipo de animal con el que convivían. Esto hizo plantearme de qué modo podía ayudar a las familias con perro de una manera rápida y, a la vez, llegar a un gran número de estas. Y esto me llevó a las redes sociales. Hace aproximadamente unos cinco años que me dedico a la divulgación en redes sociales como @adrianconde.vet, donde comparto contenido para ayudar a que las familias que conviven con un perro tengan las herramientas básicas necesarias para brindarle una buena calidad de vida y el máximo bienestar posible.

Este trabajo también me ha llevado a dar formaciones por toda España, a trabajar con empresas y marcas que buscan la manera de mejorar sus servicios y productos, a crear Mundo Animaloide con un equipo de veterinarias que ofrecen servicios en línea sobre nutrición y comportamiento dirigidos a cualquier destinatario del mundo y, también, a ayudar a muchas familias mediante una asistencia con el teléfono móvil. Y la verdad es que, después de este tiempo, cuando leo los mensajes que aparecen en las redes de personas que dicen lo mucho que les ha ayudado mi contenido para tratar correctamente a su perro, se me dibuja una sonrisa y se me alegra el corazón.

Y precisamente el objetivo de este libro es que tengas el contenido de Animaloides, mi comunidad en las redes sociales, a mano y presentado de forma ordenada.

¿Cómo está organizado su contenido?

El contenido está organizado de la manera más visual y lógica posible. Lo he dividido en tres partes, que se corresponden con los tres pilares básicos de la salud de un animal: **la salud física** propiamente dicha, donde se tratan las enfermedades, la medicina preventiva y los primeros auxilios; **la alimentación**, donde te expondré las diferentes formas que puedes seguir a la hora de alimentarlo, analizando sus respectivos pros y contras, y **la educación**, que consiste en gran medida en mantener el equilibrio de la salud mental de un ser vivo, por lo que es necesario saber cuáles son las necesidades de un perro como especie para que llegue a ser feliz y completo.

Aunque he seguido este orden, no hay que olvidar que estos tres aspectos de la salud son igualmente importantes y que están interrelacionados. Así que, si falla uno, fallan todos.

En cualquiera de estos tres pilares, como tutores que somos, tenemos mucho que aportar y hacer, así que con la lectura de este libro pretendo trazar un recorrido sobre los conocimientos básicos que debes tener acerca de cada uno de ellos. Encontrarás gráficos e ilustraciones para que la lectura te sea mucho más fácil y te ayude a afianzar algunos conceptos. He querido también hacerte una introducción sobre la historia, las etapas de vida y algunas partes del cuerpo del perro que creo que debes conocer.

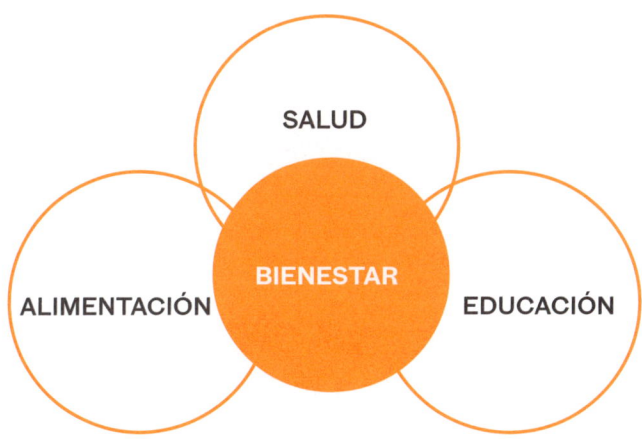

¿A quién va dirigido el libro?

Si no tienes perro pero piensas tenerlo en un futuro; si un perro acaba de llegar a tu vida y no sabes por dónde empezar (es normal); si ya tienes uno pero te gusta estar informado y quieres aprender sobre su bienestar y salud; si te apasiona el mundo del perro, etc., este libro es para ti, y, en definitiva, para cualquier persona interesada en el mundo canino.

Te recomiendo que lo leas todo de cabo a rabo y, a ser posible, en orden para que aproveches el contenido al máximo y relaciones aspectos de un tema con aspectos de otro; no obstante, también puedes leerlo por capítulos o módulos a modo de consulta rápida y certera.

Espero que el contenido del libro te sea útil y que puedas recurrir a él como tu guía de cabecera para consultarlo cada vez que lo precises.

Aquí empieza tu camino para ser el humano que tu perro necesita.

Capítulo 0

El perro. Qué tipo de animal tienes en casa

Historia y domesticación

Antes de empezar a explicarte cosas más prácticas o curiosas sobre tu perro, es importante que conozcas un poco más sobre esta especie. Así que te resumiré la historia de tu compañero de cuatro patas, de dónde vienen, cuándo comenzaron a estar entre nosotros, qué los diferencia de otros animales parecidos...

Los orígenes del perro no están claros y, según las distintas corrientes científicas, sus ancestros son diferentes. En lo que sí se está de acuerdo es en que los canes tienen en común unas determinadas características que los acercan a otros animales, como el lobo, por ejemplo.

¿Cuándo apareció el primer perro? Los hallazgos más recientes, obtenidos después de reexaminar un material fósil, indican que el primer ejemplar pertenecía a un protoperro de 31.700 años de antigüedad.[1] Algunos científicos creen que el perro procede de un ancestro en común con el lobo gris y que se domesticó hace entre 40.000 y 15.000 años. Otros autores no lo relacionan con el lobo gris, pero sí con otros individuos como el dingo. Estos creen que no hubo un cruce de perro con lobo, sino que, en función del sitio donde vivían, la proximidad a los humanos y la selección natural, estos animales evolucionaron a lo que hoy conocemos como el perro y todas sus razas. Según las teorías científicas, algunos lobos comenzaron a acercarse más a los humanos por los desechos de comida que estos generaban y, poco a poco y de forma natural, los lobos menos temerosos que se aproximaban a los humanos se fueron separando de los ejemplares más cazadores. Todo apunta a que, posteriormente, los humanos comenzaron a seleccionar a los individuos menos miedosos y útiles para efectuar distintas funciones, como la guarda, la caza y la protección.

También se relaciona a los canes con otros animales salvajes, como zorros o chacales, y aunque en la actualidad los perros son animales domésticos, es importante recalcar que siguen compartiendo información genética con sus antepasados salvajes y sus mismos patrones de conducta, como enterrar comida, dejar rastros de olor, ciertas formas de comunicación, etc.

Los perros actuales estuvieron en un principio divididos en dos poblaciones: una que habría dado lugar a las razas del este asiático, y otra que habría evolucionado hasta los perros modernos europeos y de otras regiones. Aunque no se sabe a ciencia cierta cuándo sucedió esto,[2] sí que se tiene la certeza de que hace unos 30.000 años los seres humanos y los perros empezaron a compartir el mismo espacio.

El paso del tiempo y la selección de los animales en función de sus características acabaron ocasionando lo que tenemos hoy en día: a nuestro querido perro (*Canis familiaris*). Acabo este resumen con un dato curioso: el perro es una de las especies que tiene mayor variedad fenotípica (lo que vemos, el físico) del mundo animal.

Definición y etapas

Si buscas la definición de «perro» en el Diccionario de la Real Academia de la Lengua Española (DRAE), verás que es muy breve, pero te proporciona la información fundamental del animal que tienes en casa.

> Según el DRAE, un perro es un «mamífero doméstico de la familia de los cánidos, de tamaño, forma y pelaje muy diversos, según las razas, que tiene un olfato muy fino y es inteligente y muy leal a su dueño».

Una vez vista la definición, entremos un poco más en detalle. ¿Cuántas razas hay? Pues muchísimas. La FCI (Féderation Cynologique Internationale) tiene reconocidas más de trescientas, pero esta cifra varía si consultas en otras federaciones, que reconocen a más. Para catalogar aquí las razas de una forma sencilla, las agruparemos por peso. Algunos ejemplos:

TIPO DE RAZA	RANGO DE PESO	EJEMPLOS
miniatura/toy	hasta 4 kg	chihuahua, bichón maltés
pequeñas	de 5 a 10 kg	carlino, cavalier king Charles
medianas	de 11 a 25 kg	border collie, beagle
grandes	de 26 a 44 kg	akita inu, bóxer
gigantes	más de 45 kg	gran danés, mastín

Etapas según la edad

Las etapas de vida de los perros son diferentes según la raza. El concepto de raza en este caso es importante, ya que, como norma general, cuanto más grande es la raza, menor es la esperanza de vida, por eso es difícil establecer unos rangos de tiempo de forma sistematizada.

Por ejemplo, un perro de raza miniatura se considera adulto a los 8 meses y, en cambio, uno de raza gigante es adulto a partir de los 18 a 24 meses. Las diferentes etapas de vida de los perros suponen diferencias respecto a su salud y sus necesidades. Si la esperanza de vida media de un perro es de entre 10 y 13 años, ¿cómo podemos resumir las diferentes etapas en su vida?

TIPO DE RAZA	EDAD ADULTA
miniatura/toy	sobre los 8 meses
pequeñas	sobre los 10 meses
medianas	sobre los 12 meses
grandes	sobre los 15 meses
gigantes	entre los 18 y 24 meses

ETAPA	TIEMPO
cachorro	desde el nacimiento hasta la madurez sexual
joven/júnior	desde la madurez reproductiva hasta el final del crecimiento
adulto	finaliza el crecimiento, madurez social
maduro	del 50 al 75 % de esperanza de vida
mayor/sénior	25 % restante de esperanza de vida
geriátrico	más allá de la esperanza de vida

En el apartado de comportamiento te explicaré más sobre las etapas del perro desde un punto de vista conductual, para que entiendas también qué sucesos tienen lugar en referencia a su comportamiento según va creciendo y cómo tú, de forma proactiva, puedes interceder en ellos para que tu perro sea feliz.

Partes del cuerpo

Es muy importante que conozcas las partes del cuerpo de tu perro y que sepas cómo funcionan para disponer de una información determinante para entender algunas situaciones y resolver tus dudas.

Podríamos hacer un recorrido anatómico y fisiológico muy exhaustivo por el cuerpo de tu perro y al hacerlo descubriríamos cosas muy interesantes, pero mi intención con este libro es que tengas una idea general de los conceptos más importantes. De ahí que, para esta sección, me haya basado en los temas que más dudas generan a los tutores cuando tienen un perro y los que más me preguntan.

Dientes

Los perros nacen sin dientes y estos empiezan a salir entre la segunda y la cuarta semana de vida. A los 2 meses ya tienen todos los dientes de leche, que posteriormente se irán cayendo en torno a los 3-4 meses, para dar paso a la dentadura permanente. Esto sorprende a algunas personas. ¡Sí, a los perros también se les caen los dientes! En el capítulo de medicina preventiva hablaré de cómo tener un cuidado correcto de la dentadura, ya que es un punto vital de salud en el perro. Aquí te dejo un cuadro resumen de cuándo salen los dientes:

TIPO DE DIENTE	DENTADURA DE LECHE	DENTADURA PERMANENTE
incisivos	3-4 semanas	3-5 meses
caninos	3 semanas	3-5 meses
premolares	4-12 semanas	4-6 meses
molares	-	5-7 meses

Ojos

A diferencia de lo que mucha gente piensa, los perros sí ven colores. La visión de los colores en el ojo está a cargo de los conos, que son un tipo de células especializadas llamadas «células fotorreceptoras». A diferencia de los humanos, que tenemos tres, los perros tienen dos, de ahí que su gama cromática sea un poco más reducida. No distinguen bien entre el rojo y el verde, y sí distinguen muy bien entre azules y amarillos. Esto es un dato interesante, ya que, si pones una pelota roja en un césped verde, si el animal no se está guiando por el olfato, el color no le llamará la atención, puesto que quedará camuflado.

Las pupilas de los perros se dilatan y contraen con la luz con normalidad. Si ves que una se dilata o contrae más que la otra o hay diferencias entre ellas, puede ser un aviso para que acudas a un centro veterinario.

¿Te has fijado alguna vez en que cuando de noche les da la luz, los ojos se les ponen brillantes? Esto es debido al *Tapetum lucidum* (una capa de tejido situada en la parte posterior del ojo) que les permite maximizar la luz disponible en ambientes con escasa luminosidad. Esta capa también la tienen otros animales como los gatos, vacas, caballos y otros vertebrados. No obstante, no gozan de una excelente visión nocturna, al contrario de lo que mucha gente piensa. No son animales nocturnos ni preparados para ello, pero sí se adaptan a la oscuridad mejor que nosotros, los humanos.

Orejas

Las orejas de los perros son una de las partes que más cambia entre las diferentes razas, hay una gran variedad de tamaños y posiciones. ¿Tienen más complicaciones las orejas que están caídas? Pues no y sí. Me explico, este tipo de orejas provocan otitis recurrentes, debido a que, al estar tapado el canal auditivo, hay dificultad de transpiración, por lo que la humedad, entre otras cosas, se acumula con mayor facilidad y, con el calor, tenemos un caldo de cultivo para los microorganismos. Al mismo tiempo las orejas caídas confieren protección para que no entren objetos en el canal auditivo.

Tenga las orejas que tenga tu perro, es muy importante que siempre estén limpias y secas y, sobre todo, aunque creo que no es necesario recordarlo, NO SE DEBEN CORTAR. Cortar las orejas, al igual que la cola, no solo está prohibido en muchos países (España entre ellos), sino que puede provocarle problemas de salud y dificultades a la hora de comunicarse con sus congéneres mediante el lenguaje corporal.

Aparato reproductor del macho

Los perros machos alcanzan la pubertad dependiendo del tamaño y de la raza. Normalmente las razas miniatura la alcanzan a los 6 meses y las razas gigantes, a los 18 meses o más, y en este intervalo de tiempo lo hacen el resto de las razas. El descenso de los testículos se suele producir antes del destete. Si a nuestro perro no le acaba de bajar uno o los dos testículos, podemos estar ante un caso de criptorquidia (ausencia de uno o ambos testículos en el escroto) y debe revisarlo el veterinario, ya que los genitales internos (cavidad abdominal, zona inguinal, etc.) están sometidos, entre otras cosas, a un aumento de temperatura, por lo que la probabilidad de volverse tumorales es mayor.

Dos curiosidades del pene del perro: la primera es que tiene un hueso, de modo que se puede fracturar como cualquier otro hueso del cuerpo. La segunda, y que más llama la atención a los tutores, que piensan que se les han subido los testículos, es que cuando se excitan aparecen dos bulbos alrededor del pene. Estos bulbos se hinchan con un propósito: aguantar «enganchado» a la hembra para asegurar que el esperma queda dentro y no sale al exterior. Si has visto perros copular, sabrás que se quedan un rato enganchados (no hay que separarlos, ya es tarde para evitar la monta y puedes producir graves daños físicos).

Aparato reproductor de la hembra

En cuanto a las hembras, las razas grandes alcanzan la pubertad más tarde que las pequeñas. No hay que confundir pubertad (aptitud para ovular) con nubilidad (aptitud para llevar a término una gestación y parto). Mi recomendación es que no hagas criar a tu perra por tu cuenta. Hay aspectos físicos y enfermedades que hay que considerar y tener previamente en consideración a la hora de cruzar un animal, por no decir que un parto y la gestación pueden conllevar problemas, además de un gasto de dinero.

Las perras son monoéstricas no estacionales. Esto quiere decir que tienen un estro una o dos veces al año con un periodo de ovulación por ciclo y su ovulación es espontánea (no necesita estímulos). Como norma general tienen el celo (lo que se suele denominar erróneamente «la regla») cada 6 meses, pero hay que tener presente que puede haber celos silenciosos e incluso que pasen entre 5 y 10 meses entre uno y otro. Te explico brevemente las cuatro fases del ciclo para que comprendas los periodos, que, si tienes un descuido, pueden acabar en gestación:

- **Fase 1. Proestro** (6-11 días): presentan tumefacción de la vulva, sangrado en la mayoría de ellas, orinan con más frecuencia y no permiten la cópula.

- **Fase 2. Estro** (5-9 días): en este periodo acepta la cópula, hay ovulación y es fértil.
- **Fase 3. Diestro** (58-68 días): es cuando se produce la gestación en caso de monta, o pseudogestación en caso de que no haya gestación.
- **Fase 4. Anestro** (4-6 meses): es la parte del ciclo en la que «no hay ciclo», es decir, no hay actividad ovárica.

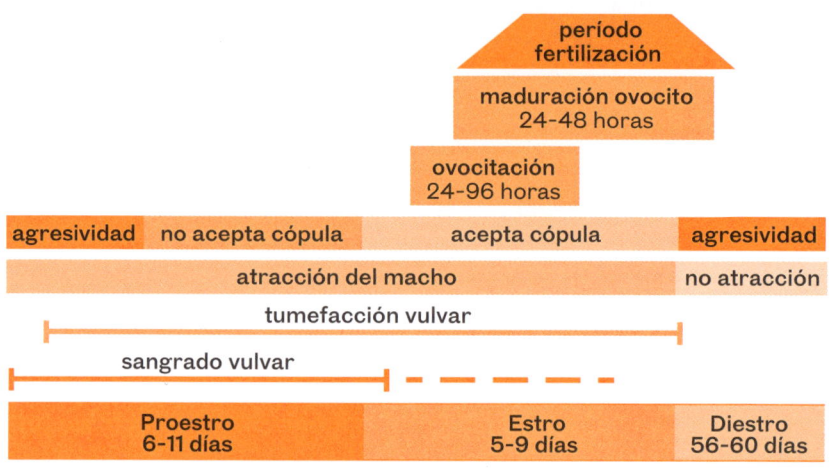

En esta parte aprenderás cómo puedes cuidar de la salud de tu perro de forma preventiva, qué síntomas te indican que hay algún problema y adquirir nociones básicas sobre primeros auxilios para saber cómo proceder ante ciertas situaciones.

Conocerás además aspectos importantes de la salud física de tu perro, como la vacunación, los parásitos externos e internos, los primeros auxilios y las enfermedades más frecuentes, entre otras cosas. No pretendo que sea un máster en Veterinaria, pero sí que tengas los conocimientos y unas herramientas básicas para que puedas detectar cuándo algo no va bien.

PRIMERA PARTE

Salud

Capítulo 1

Enfermedades más frecuentes

Como tutores es importante saber cuáles son las enfermedades que pueden padecer nuestros perros a lo largo de su vida. Hoy en día muchas de ellas las prevenimos sin problema con una correcta vacunación, pero aun así está bien que conozcas en qué consisten. Hay muchas, pero aquí quiero explicarte las más importantes y algunas de las que pueden aparecer de forma frecuente.

Parvovirus

Es una enfermedad que suelen tener los cachorros, aunque también la padecen animales adultos que no tengan una correcta inmunidad. Principalmente se caracteriza por diarreas frecuentes y sangrientas. Se transmite por contacto directo de perro a perro, en lugares contaminados o por ingestión de materia fecal contaminada. Al ser un virus, el único tratamiento disponible es el de soporte de los síntomas, y en este caso los perros precisan de hospitalización, pero es el organismo del animal el que tiene que luchar contra el virus. Por eso es importante la correcta vacunación: es una enfermedad que podemos evitar en la mayoría de los casos.

→ *Prevención: vacuna*

Moquillo (distemper canino)

Suele padecerse en los primeros meses de vida, pero también se dan casos en adultos. Es muy contagiosa y puede afectar a diversos sistemas: respiratorio, digestivo y nervioso. Es una enfermedad grave y muchos perros fallecen por culpa de este virus. Se contrae por lo general por partículas que flotan en el ambiente y por contacto directo con fluidos de animales infectados. Los síntomas inicialmente no son extraños: fiebre con o sin diarrea, cacas que pasan de ser blandas a muy líquidas y que no responden a tratamientos, y en ocasiones tos que va en aumento; en cuanto a los signos neurológicos, presentan temblores que pueden acabar en crisis convulsivas, dificultad para coordinar las extremidades, etc. Como ves, el cuadro es muy variable, así que lo ideal es acudir al veterinario para que haga un diagnóstico. Es un virus y no tiene cura, por lo que el tratamiento consiste en tratar los síntomas con la esperanza de que el organismo del animal gane la batalla.

→ *Prevención: vacuna*

Hepatitis vírica canina

Esta enfermedad es bastante contagiosa y, aunque gracias a la vacuna cada vez se ve menos, afecta sobre todo a cachorros no vacunados. Se contrae al ingerir orina, heces o saliva de perros infectados. Es un virus que dura mucho en el ambiente y que es resistente a un gran número de desinfectantes. Hay diversas formas de la enfermedad, como la hiperaguda, que se da más en cachorros jóvenes, y la aguda, que es la más habitual. Normalmente en casa solo veremos una letargia fuerte con temperatura elevada, y en la exploración el veterinario apreciará más cosas. Los perros que padecen la fase aguda tienen vómitos y/o diarreas con pérdida completa de apetito. Acaba, como el propio nombre indica, afectando al hígado.

→ *Prevención: vacuna*

Leptospira

Es una enfermedad causada por bacterias y hay muchos serotipos diferentes; además, es zoonotica (que puede pasar del animal al humano). Las ratas son un reservorio de *Leptospira*, aunque el modo de contagio habitual suele ser en agua estancada contaminada por la orina de un animal infectado (como una rata, por ejemplo) y luego el contacto de esa agua con una herida de la piel. Existe vacunación, aunque es cierto que no la hay para todas las variedades, y se pretende conseguir que vacunando de aquellos serotipos más frecuentes la respuesta inmunitaria del perro pueda combatir esta enfermedad.

→ *Prevención: vacuna*

Leishmania

Seguro que has oído mucho su nombre, y es que actualmente es una enfermedad emergente y para la que no disponemos de cura como tal. Es transmitida por un parásito (protozoo) que se encuentra en el flebotomo (lo encontrarás en el capítulo 2 de «Medicina preventiva») y según algunos datos parece ser que en perros de tamaño grande y perros jóvenes la incidencia es más alta. Esta enfermedad afecta al sistema inmunitario del animal, y tiene muchas posibles afectaciones y síntomas en función de la presentación y del tiempo que haga de la infección. Algunos síntomas son:

- cojera sin causa aparente
- párpados inflamados y exceso de lagrimeo
- episodios de fiebre
- apatía
- onicogrifosis (crecimiento desproporcionado de las uñas)
- delgadez y pérdida de peso sin motivo aparente
- ganglios aumentados
- zonas alopécicas (calvas) en zonas como las orejas y alre-

dedor de los ojos
- epistaxis (sangrado de nariz)

Esta enfermedad tiene tratamiento y, si se diagnostica a tiempo, muchos animales llevan una vida normal con la medicación. En algunos casos la medicación es temporal y en otros, el perro debe medicarse de forma crónica. Influirá mucho el cuadro de afectación, ya que puede afectar también a los órganos.

→ *Prevención: antiparasitarios como acción repelente, vacuna y jarabe para potenciar la respuesta inmunitaria. En función del método, se intentará que el mosquito no pique (mediante pipetas o collares). La vacuna y jarabe no tienen acción repelente, es decir, el mosquito puede picar y por tanto ser positivo, pero tienen menos probabilidad de desarrollar una respuesta activa a la enfermedad gracias a cambiar su respuesta inmunitaria. Así, en muchas ocasiones, en función del animal y la zona geográfica, se combinan las opciones de prevención.*

Traqueobronquitis infecciosa canina

Quizá te suene más por su nombre coloquial, que es tos de las perreras. Es lo que comúnmente los tutores catalogan como una gripe y afecta a las vías respiratorias superiores. Es contagiosa entre perros y se contrae a través de tos o estornudos de un animal infectado, así que es fácil cogerla en parques para perros, residencias caninas y, en definitiva, en colectividades (de ahí su nombre coloquial). Existe vacunación preventiva y se recomienda si vamos a llevar a nuestro perro a una residencia o si va a juntarse con otros perros. Al no tratarse de una vacuna esencial, su aplicación debe valorarla el veterinario en función de los riesgos. El síntoma más característico, aunque no el único, es la tos seca, que puede ir acompañada de un vómito blanco espumoso si tiene un ataque de tos intenso.

Lo positivo es que la mayoría de los animales no revierten gravedad y suele superarse solo con reposo, pero también hay algunos perros que precisarán de tratamiento en función del cuadro.

→ *Prevención: vacuna*

Síndrome de disfunción cognitiva (SDC)

Es un trastorno neurodegenerativo que se caracteriza por un deterioro cognitivo. Para que se entienda fácilmente, es algo parecido al alzhéimer en humanos. Debido al aumento de la esperanza de vida, junto a otros factores, se ve cada vez más en los perros séniores. De hecho, se estima que aproximadamente lo padecen entre un 14-60 %[1] de los perros geriátricos en función de la edad; además, es un problema infradiagnosticado, ya que actualmente hay pocos recursos para llegar a un diagnóstico del SDC y este se alcanza por exclusión de otros problemas.

En cuanto a su afectación respecto a conceptos como raza y tamaño, los estudios aún no son concluyentes: unos apuntan a que se da más en perros de razas pequeñas en comparación con los de razas grandes.[2] Otros estudios defienden que las hormonas sexuales pueden tener un efecto protector, ya que se observa más SDC en hembras castradas, por ejemplo.[3] Esta disfunción sigue estudiándose y todavía se está en proceso de obtener mucha más información.

Aunque la respuesta a este deterioro es variable e individual, las siglas DISHAA pueden ayudarte a entender y detectar sus características más importantes.

D	Desorientación: le cuesta esquivar objetos y reconocer a familiares y animales conocidos, se pierde, no presta tanta atención a cosas visuales o auditivas.
I	Interacciones sociales: más irritable, miedoso y agresivo; menos interés por el afecto que antes.

S	Sueño: cambian los ciclos, por ejemplo, está inquieto y no duerme por las noches como antes, duerme menos, ladra durante la noche.
H	Higiene, aprendizaje y memoria: le cuesta más aprender cosas nuevas, ya no responde a lo aprendido igual que antes, hace sus necesidades en casa.
A	Actividad: pierde interés por explorar o jugar, deambula y camina sin dirección aparente, tiene comportamientos repetitivos.
A	Ansiedad: le genera ansiedad quedarse solo, tienen miedo a las cosas nuevas, es más reactivo o manifiesta miedo ante ruidos y señales.

→ *Prevención: Este síndrome no tiene cura y el tratamiento consiste en mejorar la calidad de vida del perro. A nivel nutricional pueden ayudar algunos nutracéuticos (productos donde se fusionan la nutrición y el efecto farmacéutico o terapéutico) que tienen en su composición fosfaditilserina (tipo de lípido que se encuentra de forma natural en el cerebro y es esencial para el aprendizaje, la memoria y otras funciones cognitivas); la inclusión en la alimentación de triglicéridos de cadena media, que le proporcionan energía para el cerebro, y los antioxidantes, que protegen de los radicales libres.*

Y, sobre todo y muy importante, la prevención en este caso es hacer trabajar su cerebro, es decir, hacerle realizar trabajos cognitivos de manera regular. Esto no impedirá que el síndrome se desarrolle, pero en caso de que este se manifieste en la etapa sénior, sí hará que la progresión de la enfermedad sea más lenta.

A continuación, te hablaré de otros tres problemas de la salud de los perros menos graves pero frecuentes:

Otitis

La otitis es la inflamación del canal auditivo. En función de la profundidad de esta inflamación podemos hablar de otitis externa (la más común), media o interna. Obviamente, la más profunda, o interna, tiene más riesgo de afectar estructuras importantes y producirse una perforación o afectación del tímpano. Las causas de las otitis pueden ser varias (ácaros, cuerpos extraños, infecciones), pero algunos síntomas generales que te ayudarán a detectarlas son:

- Tiene secreciones por el canal auditivo.
- Sacude la cabeza constantemente.
- Se frota la cabeza o se rasca la oreja y, a veces, la cabeza.
- Produce mal olor (si hay infección).
- Ladea la cabeza.
- Hay exceso de cera.
- Sufre pérdida de equilibrio (si hay afectación del tímpano).

Es importante acudir al veterinario si tiene alguno de estos síntomas para que verifique la otitis y prescriba un tratamiento lo antes posible, así evitarás que la enfermedad progrese y aumente su gravedad. En casa no puedes hacer nada; sobre todo, evita introducir bastoncillos y objetos para la limpieza del canal auditivo, ya que puedes provocarle más daños que beneficios.

Conjuntivitis

Es una inflamación ocular que puede tener muchas y diversas causas (vírica, bacteriana, alérgica, seca...). ¿Qué notaremos en nuestro animal que nos haga sospechar que tiene conjuntivitis?

- ojos llorosos
- más legañas, o de color más verdoso
- lagrimeo
- ojos rojos
- inflamación de los párpados

En caso de que tenga conjuntivitis, no le pongas colirio si tienes en casa de otra ocasión o de uso humano. Es un error muy común que se hace sin mala intención, pero si le pones colirio a tu perro sin consultar con el veterinario puede tener un mal desenlace, porque la mayoría de los colirios usados para tratar conjuntivitis frecuentes no se pueden aplicar si hay una úlcera corneal (una herida en la córnea). Esto es lo primero que descartará el veterinario antes de recetar un tratamiento. Es muy importante que seas consciente de que puedes dejarle sin ojo por querer hacer una buena acción al ponerle un colirio por tu cuenta sin consultar antes con el veterinario.

Gastroenteritis

Los procesos gastrointestinales son un mundo muy amplio y de causas muy variables. Aquí me refiero a una gastroenteritis pasajera debida a algo que no le ha sentado bien. En estos casos debemos actuar con nuestro perro como lo haríamos con nosotros; aunque parezca que no es nada, puede tratarse de algo más serio.

Lo ideal es que el animal no tome nada sólido al menos durante medio día; en algunos casos y si se trata de animales adultos y sanos, lo mejor es que ayune durante un día. Es importante que tenga siempre agua a su disposición. Pasado este día, introduciremos una dieta blanda cocida de fácil asimilación, como pollo o pavo con calabaza o zanahoria (o también puedes usar la receta de la sopa de moro que tienes en mi canal de YouTube: es una sopa o puré de zanahoria que va genial), y progresivamente, a lo largo de los siguientes días, iremos recuperando su alimentación habitual. Seguir este proceso en su alimentación es lo recomendable cuando algo le ha sentado mal. Deberías ver mejoras pasado un día, pero si no es así o las heces son peores, o si tienes dudas, acude al veterinario.

Capítulo 2

Medicina preventiva

La medicina preventiva salva vidas, y esto es muy importante. Pero esta debe hacerse correctamente: no consiste en dar fármacos o aplicar vacunas porque sí, sino que hay que hacerlo con un sentido y justificación.

Dada mi visión de la medicina veterinaria integrativa, siempre he intentado formarme e informarme sobre tratamientos menos invasivos. Hoy en día muchos organismos oficiales de veterinaria ya plantean protocolos vacunales y antiparasitarios como los que te explico en este capítulo.

Hacer las cosas bien supone muchas veces un coste extra; es más que dar una pastilla o aplicar una vacuna. Pero es como deberían llevarse a cabo los protocolos para ofrecer a nuestros perros el máximo nivel de salud y bienestar.

Parásitos

Los protocolos antiparasitarios deben ser individualizados y adaptados a cada animal para asegurarnos de que estamos actuando contra los parásitos correctos y no lo estamos sobremedicando (lo que supone un problema para su salud y crea resistencias). Por eso no tiene sentido que te hable de protocolos antiparasitarios en este libro, ya que unos servirán para un perro, pero no para otro.

Los parásitos pueden ser tanto externos como internos. Te explico a continuación los más frecuentes y qué síntomas pueden ocasionar en tu perro.

Parásitos externos

Los ectoparásitos son aquellos parásitos que se encuentran fuera del organismo de tu perro. Para repelerlos suelen usarse collares y pipetas. Sabrás si tu perro tiene parásitos externos si muestra lesiones en la piel que te hagan sospechar, si detectas cambios de comportamiento por las molestias que les ocasionan y si directamente ves garrapatas o pulgas.

Los ectoparásitos, aunque sean externos, pueden transmitir microorganismos mediante su saliva cuando pican o muerden, y en este caso pasan a ser también un problema interno.

Hay muchos tipos de parásitos externos que pueden afectar a tu perro, los más conocidos o frecuentes son los siguientes:

Garrapatas

Hay varias especies de garrapatas que pueden afectar a los perros. Estos parásitos se encuentran sobre todo en zonas de pasto, árboles, vegetación y donde hay ganado, y debes tener especial cuidado en primavera y verano, cuando hace más calor: es en estos lugares y en esta época cuando las garrapatas están al acecho esperando a un huésped en el que anclarse. Cuando lo hacen no solo pueden producir el daño físico que provoca su mordedura, sino que, mediante la saliva, pueden transmitir diversas enfermedades.

Suelen encontrarse en la zona de la cabeza (hocico, orejas...), las axilas, las ingles o entre los dedos.

¿Qué hacer si tu perro tiene una garrapata? Cuando intentes sacarla sobre todo no la aplastes y evita que se parta en dos, ya que quedaría la parte de la «boca» de la garrapata enganchada en el animal. No te recomiendo el uso de alcohol, aceite ni otros líquidos, porque sí, harán que la garrapata se suelte, pero provocan que el parásito regurgite y el riesgo de transmitir microorganismos con la saliva aumenta.

Pulgas

Estos diminutos ectoparásitos son capaces de saltar 50-70 cm en el aire y desarrollan una aceleración 50 veces más alta que un transbordador espacial ascendente; y 10 hembras podrían producir 250.000 descendientes en apenas un mes. ¡Alucinante!

Las encontrarás principalmente en verano, cuando hace más calor, pero ten en cuenta que pueden estar dentro de casa y reproducirse sin problemas en épocas de más frío. Pueden estar en objetos y en otros animales, y saltan de un lado a otro para alimentarse, en este caso de tu perro. Pueden transmitir enfermedades, como la dermatitis alérgica por picada de pulga (DAPP), y provocan cambios de comportamiento (por las molestias del picor).

Suelen encontrarse en la zona de la cabeza, la espalda (cerca de la base de la cola) y las ingles, aunque pueden estar por cualquier zona. Muchas veces no las verás, pero sospecharás si las heces de tu perro son de color rojizo, si se mueve rápidamente para mordisquearse a sí mismo y si da saltos y hace carreras repentinas.

¿Qué hacer si tu perro tiene pulgas? Como con todos los parásitos, en caso de infestación hay que hacer una buena desinfección y tratamiento del ambiente. Si no lo haces, por mucho que lleves a tu animal al veterinario para que lo trate, volverá a infestarse. Te recomiendo lo siguiente:

- Limita los movimientos del animal por la casa.
- Aspira a fondo todo aquello que el perro haya tocado.
- Limpia con lejía o amoniaco aquellos objetos que lo permitan.
- Haz dos ciclos de la lavadora con ropa, camas, cojines... con agua muy caliente para matar los huevos.
- Utiliza productos que venden en el mercado como espráis e insecticidas para tratar el ambiente.

Mosquitos y moscas

Estos insectos tan habituales pueden transmitir enfermedades. Los hay de muchos tipos, pero dos de los más importantes que pueden afectar a tu perro son la mosca de la arena (*Phlebotomus sp.*), transmisora de leishmaniosis, y el mosquito género *Culex pipiens,* transmisor de dirofilariosis.

Ambos son menos frecuentes en las zonas con más viento, puesto que son parásitos voladores. Las moscas de la arena son más numerosas en agosto y septiembre. Aquí te dejo un resumen de las características de ambos.

NOMBRE	MOSCA DE LA ARENA	MOSQUITO *CULEX PIPIENS*
Enfermedad que transmite	Leishmaniasis: enfermedad infecciosa con diversos grados de afectación y gravedad	Dirofilariosis: conocida como «el gusano del corazón», es una enfermedad infecciosa con afectación cardiopulmonar
A quién afecta	a perros y gatos	a perros y gatos
Actividad	mayor actividad al atardecer (son nocturnas)	mayor actividad crepuscular
Hábitat	zonas rurales o sitios con vegetación como árboles, jardines, parques...	zonas húmedas con balsas de agua

Piojos

Los piojos no se encuentran con tanta frecuencia como otros ectoparásitos, pero tu perro puede tenerlos. Estos parásitos son muy molestos y pueden ser transmisores de *Dipylidium caninum* (un parásito interno).

No tienen un origen estacional tan marcado como garrapatas, pulgas y mosquitos, y aguantan bien las altas temperaturas. El contacto directo con otros animales que los tengan, o con objetos, como camas o ropa, por ejemplo, contribuyen a su difusión.

Los puedes encontrar en cualquier parte de tu perro, pero son más frecuentes en zonas de orificios, como el ano, orejas, ojos... Los piojos tienen preferencia por el pelo largo y por los perros jóvenes poco cuidados o perros muy mayores.

¿Cómo sabrás que tu perro tiene piojos? Si se rasca, está inquieto y se irrita mucho, y si tiene el pelo áspero y seco, es muy probable que los tenga.

Parásitos internos

Los endoparásitos son aquellos parásitos que se encuentran dentro del organismo de tu perro. Al igual que con los ectoparásitos, el protocolo para prevenir o desparasitar debe ser individualizado y adaptado a cada animal, y no dar de forma sistemática una pastilla mensual o trimestral. Por ello, lo recomendable es realizar un análisis coprológico seriado y enviarlo a un laboratorio. Este consiste en recoger las cacas de tu perro durante 3 días consecutivos y enviarlas a un laboratorio para que, a través de diversas técnicas, los expertos busquen la presencia de parásitos.

Hacerlo así no solo es importante para la salud de tu perro, sino también para evitar crear resistencias a los principios activos usados como antiparasitarios por un uso indiscriminado de estos (ya ha pasado con los antibióticos). Si no hay parásitos no tiene sentido aplicar un producto cuya principal finalidad es matar parásitos.

A diferencia de los ectoparásitos, los endoparásitos son más difíciles de detectar. Solo se ven algunos tipos en las heces y no siempre, y en muchas ocasiones no hay síntomas. Algunos perros sí manifiestan algunos. Los más frecuente son: vómitos, diarrea, heces con sangre, dolor y/o inflamación abdominal, pérdida de peso, falta de apetito, tos, malestar, pelaje seco. Cualquiera de estos síntomas te hará sospechar y acudirás al veterinario. Pero si la infestación no es muy grande no nos daremos cuenta. Así que, en casos de infestación leve, la única manera de saber a ciencia cierta si tu animal tiene endoparásitos es hacer el análisis coprológico.

Hay muchos tipos de parásitos internos que pueden afectar a tu perro, y algunos también a ti en el caso de que los tenga. La mayoría no son estacionales, como en el caso de los ectoparásitos, ya que pueden encontrarse en muchos lugares convencionales como en la comida, el suelo, en agua estancada, en la hierba… Algunos de los grupos más frecuentes son los siguientes:

Céstodos

Son los vermes planos. Se ven como pequeños granos de arroz en las heces, bien solos o formando una cadena. En este grupo se encuentran: *Dipylidium caninum, Echinococcus granulosus, Echinococcus multilocularis,* entre otros.

Nemátodos

Son los vermes redondos y se ven como espaguetis, bien en las heces o en los vómitos. En este grupo se incluyen, por ejemplo, los *Toxocara, Ancylostoma caninum* o *Trichuris vulpis*, entre otros.

Coccidios y giardias

Son bastante comunes. La giardia es difícil de eliminar por completo y muy contagiosa.

¿Qué hago si mi perro tiene parásitos internos? Cada parásito debe tratarse de forma diferente e individualizada, de ahí la importancia de los controles. En ocasiones, puede ser suficiente con un manejo integrativo, pero en otras necesitaremos más herramientas para un correcto control. Por eso es muy importante que el protocolo sea recomendado por un médico veterinario atendiendo a detalles de tu perro, como la edad, dónde vive, si convive con más animales, miembros de la familia humana, zonas de paseo, etc.

Existen varios productos en el mercado para el control de parásitos internos y externos, algunos más o menos naturales y el formato puede ser muy diferente (espray, pipeta, pastillas, collares...).

Vacunación responsable

Las vacunas salvan vidas, esto es una realidad y una evidencia científica, por eso es muy importante que si vas a introducir un cachorro en casa lo primero que hagas es completar su calendario vacunal.

A partir de aquí y una vez el animal es adulto, el protocolo vacunal dependerá de su estilo de vida y de la legalidad del país donde reside. Es muy importante adaptar el protocolo vacunal a cada animal sin sobreexponerle a más vacunas de las necesarias. ¿Por qué? Por varias cosas: los anticuerpos de algunas vacunas duran más de un año; hay un porcentaje de animales que no responden a la vacunación, y hay vacunas esenciales y no esenciales.

Un ejemplo estándar de vacunación sería:

- Iniciar la primovacunación a las 6-9 semanas de vida (cuando la inmunidad maternal disminuye).
- Vacunar cada 3-4 semanas hasta completar el calendario.
- Poner la última dosis vacunal a las 16 semanas de vida.

Como ves, en función de la edad del animal, las dosis y vacunas pueden variar, de ahí que el protocolo sea individualizado por tu veterinario.

En el caso concreto de la península ibérica, los expertos recomiendan las siguientes vacunas esenciales para:

- moquillo
- parvovirosis
- adenovirus
- leptospirosis
- rabia

Y las vacunas no esenciales para:

- parainfluenza
- *Bordetella bronchiseptica*
- *Babesia*
- leishmaniosis

¿Con qué frecuencia debo vacunar a mi perro? Una vez realizada una primovacunación efectiva, la duración de la inmunidad puede ser de hasta 9 años. Lo recomendable es vacunar a tu perro cada 3 años aproximadamente, y no más a menudo; excepto, claro, si la ley marca alguna vacuna obligatoria y pauta su frecuencia. Pero, ojo, esto no quiere decir que no tengas que llevar a tu animal por lo menos una vez al año al veterinario para hacerle un chequeo general. Tampoco está de más hacerle un test de anticuerpos para comprobar la inmunidad de tu perro de forma individualizada.

En resumen, o lo vacunas de forma rutinaria o haces lo más indicado: mirar si tiene anticuerpos que determinen si necesita o no ser revacunado ese año.

Como este tema de la no revacunación anual puede ser algo polémico, puedes encontrar más información en la guía internacional de vacunación de WSAVA.[1]

Cuidado e higiene dental

Es importante hablar específicamente de la salud dental, ya que la enfermedad periodontal es la dolencia que más afecta tanto a perros como gatos. Se estima que a los 2 años de edad el 80 % de los perros tienen algún tipo de enfermedad periodontal y que los perros miniatura y pequeños son más susceptibles a estos problemas.[2] ¿Por qué se contrae esta enfermedad? ¿Cómo se forman la placa, el sarro y la gingivitis? Te lo explico de manera rápida en esta imagen:

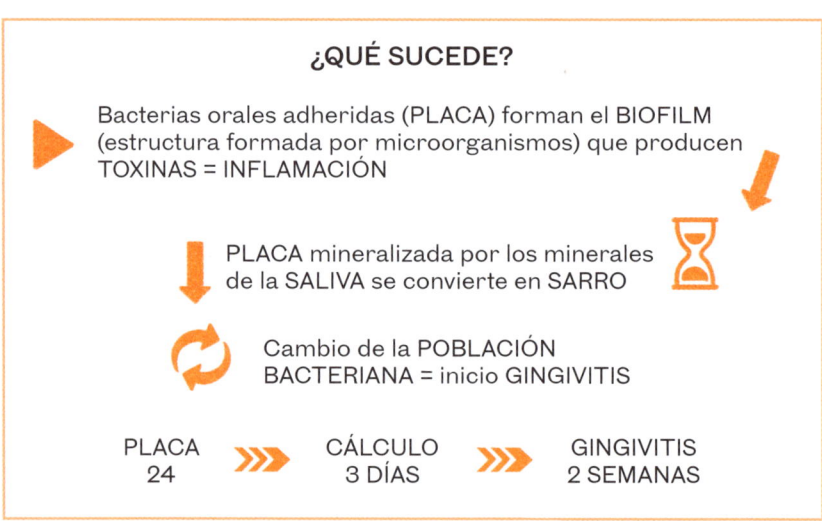

Las consecuencias de la enfermedad periodontal pueden ser:

- locales: fístulas, fracturas de dientes, pérdida de piezas, problemas oculares, aumento de cáncer oral…

- sistémicas: enfermedad renal, hepática, pulmonar, cardiaca, osteoporosis, artritis, aumento de prevalencia de diabetes...

Como ves, no es un problema únicamente de la boca, aunque por aquí empieza, por eso es muy muy importante que mantengas la boca de tu perro en buen estado e higiene.

Los problemas bucales están muy ligados a la alimentación. Entonces, la pregunta es: ¿por qué tenemos tantísimos animales con este problema si se supone que están comiendo pienso, que es lo que tienen que comer y lo mejor? Pues porque el pienso es una opción de alimentación cómoda, pero no quiere decir que sea la mejor ni mucho menos, como veremos en el apartado de alimentación.

Según mi experiencia, para que tu perro tenga una buena salud bucal lo mejor que puedes hacer es:

- **Elimina el pienso y pasa a comida real.** El pienso tiene un gran contenido de hidratos de carbono y grasas. Estas son extrusionadas (la extrusión es el proceso de fabricación del pienso) para conseguir la forma de croqueta, cuya textura, al entrar en contacto con la saliva, se vuelve más gomosa y forma una película encima del diente. Obviamente, esto es conocido por la industria del pienso y por ello juegan con el tamaño de la croqueta para «mantenerla a raya», un poco a modo de cepillo de dientes gracias a la acción mecánica.
- **Que use huesos recreativos.** Los huesos recreativos son capaces de reducir hasta un 80 %[3,4] de sarro en poco tiempo y así se ha evidenciado en los pocos estudios que se han hecho al respecto. En estos estudios tampoco se vieron fracturas ni otro tipo de problemas por el uso de huesos recreativos crudos. Eso sí, es importante saber cuál elegir y de qué forma darlo. Puedes encontrar información sobre ellos en este vídeo de mi canal de YouTube: «Huesos recreativos Adrián Conde Vet».
- **Escoge masticables deshidratados.** Caravaca, tendones y nervios, entre otros snacks naturales deshidratados,

ayudan a una eliminación más efectiva del sarro que los snacks elaborados con cereales[5] (las famosas barritas dentales para perros).

- **Dale *Ascophyllum nodosum*.** Es un alga que ha demostrado eficacia en la reducción de problemas de sarro.[6] Como la mayoría de las algas, es rica en yodo, por eso es importante que sigas las indicaciones del fabricante con la cantidad recomendada. Es un producto que debes usar en la dosis indicada a diario y cuyos resultados empezarás a ver pasadas unas semanas. Lo puedes encontrar en muchas tiendas de productos para animales, clínicas veterinarias o por internet, y no necesita prescripción.

- **Usa pastas de dientes enzimáticas.** Contienen un complejo de enzimas (proteínas complejas que producen cambios químicos específicos) que ayuda, junto al cepillado, a remover la placa y suciedad. El cepillado frecuente proporciona una limpieza de los dientes. Siempre recomiendo que uses estas pastas de dientes enzimáticas para perros, puesto que, aunque no se deje cepillar o sea difícil hacerlo, ya hacen algo por sí solas.

Castración

La castración es un tema que siempre ha estado en el punto de mira. Hasta hace unos años la gran mayoría de los veterinarios eran partidarios de la procastración sistemática a una edad muy joven. Pero en la actualidad esto se ha puesto en duda debido a que cada vez hay más estudios que contemplan los efectos de la castración a largo plazo y el impacto que tiene en otras partes del cuerpo más allá de los órganos reproductores.

Entonces ¿debo castrar a mi perro? La respuesta es INDIVIDUAL para cada perro. Si hay que castrarlo y cuándo dependerá de la salud física, comportamental y emocional de tu animal.

Hay muchos factores que deben considerarse para asegurarnos de que los pros pesan más que los contras en cuanto a la castración. Estos son:

- –la situación individual
- –la raza
- –el sexo
- –la edad
- –el hábitat
- –el estado de salud física
- –el estado de salud comportamental

Los factores del sexo y la raza son muy importantes, ya que en función únicamente de estas condiciones puede cambiar el momento elegido para la castración.[7] En cambio, donde hay más gama de grises es en el estado de salud comportamental, y es que las hormonas están estrechamente ligadas a las conductas; de ahí, la importancia de que antes de castrar se haga un buen diagnóstico por parte de un veterinario especialista en medicina del comportamiento para ver si la castración podría ayudar, podría no suponer cambios o, por el contrario, empeorar los problemas de comportamiento.

El GEMCA (Grupo de Especialidad en Medicina del Comportamiento Animal) tiene un posicionamiento sobre el efecto de la castración en la especie felina y puedes encontrar estudios al respecto.[8]

> **Antes de castrar a un perro deberás acudir a un veterinario clínico para que evalúe la parte de salud física y a un veterinario etólogo clínico para que evalúe la salud comportamental. Solo de esta manera conseguimos el máximo nivel de bienestar.**

Obesidad

El sobrepeso y la obesidad son en la actualidad un grave problema: prácticamente uno de cada dos perros tiene exceso de peso. Hay varios factores implicados en estas cifras. La obesidad canina está relacionada con:

- diabetes
- problemas cardiovasculares
- problemas osteoarticulares
- reducción de la inmunidad
- problemas urinarios
- menor esperanza de vida

Es un problema de salud importante y en aumento, así que te recomiendo que tengas un buen control sobre la condición corporal de tu perro. En este sentido es fundamental una alimentación de calidad, y a poder ser de comida real, y que realice ejercicio físico y mental acorde a sus necesidades. En el apartado de nutrición encontrarás una tabla con ilustraciones para que evalúes si tiene una buena condición corporal, ya que el peso, en muchas ocasiones, no es suficiente para saberlo.

Cuidado del pelo

No pretendo entrar en detalle sobre el tema de los cuidados del manto de los perros, puesto que eso se lo dejo a las personas especializadas en peluquería canina. El manto son los pelos que recubren el cuerpo de los perros. Hay varios tipos de mantos y cada uno necesita ser tratado de forma individualizada y con productos específicos. Pero sí me gustaría comentarte algunas cosas que seguramente oirás y que afectan a la salud física de tu animal, para que sepas qué hacer o no cuando recibas este tipo de consejos (que incluso podrían venir de «profesionales» de la peluquería canina).

A los perros no se les rapa para que pasen menos calor. Los perros se rapan solo si hay un motivo médico (heridas o cirugías) y en casos muy específicos de abandono del pelaje en los que no hay más alternativa y hay que cortar por lo sano.

En función del manto sí que se le puede cortar (más o menos largo), pero raparlos para que pasen menos calor no tiene ningún sentido y se puede provocar incluso que tengan más calor.

Algunos mantos tienen más de una capa, y aunque tú no lo veas están relacionados con una serie de procesos de termorregulación: el pelo es la protección de los perros tanto del frío como del calor.

Te voy a poner un ejemplo que ayuda a entender por qué el pelo muy corto rapado puede provocarles más calor: imagina un palo recto apoyado sobre una mesa, y piensa que el sol viene de arriba. Si el palo (que sería el pelo) es más largo, el sol lo tiene más difícil para llegar a la mesa (que sería la piel de tu perro); en cambio, si el palo es corto o casi inexistente (porque lo hemos rapado) los rayos solares llegarían antes a la piel y, por tanto, provocarían el aumento de la temperatura e incluso quemaduras.

Algunos animales pueden generar alopecia posrapado, como es el caso de razas como el pomerania y el famoso corte *boo* que se puso de moda para convertirlos en «peluches pomposos».

Un correcto mantenimiento del manto de nuestro perro, con cepillado y baños según las necesidades de su tipo de pelo, es lo que debemos hacer para que cumpla sus funciones de termorregulación para frío y calor, y para que el animal pueda transpirar correctamente.

No hay que usar productos cosméticos de humanos para perros, da igual que sean para bebés. El pH de la piel del perro es superior al de los humanos, por lo cual, aunque no le produzca un daño directo o a corto plazo, en la mayoría de los casos si usas productos no específicos para ellos les estarás dañando el manto y también la piel, que es una barrera fundamental que los protege del exterior.

Puedes llegar a oír que hay personas que lavan el perro de sus animales con el jabón de lavar los platos o la ropa. ¡Ni se te ocurra! Quedará limpio, sí, pero también se eliminará la capa lipídica que tiene en la piel. Es como si generaras un colador en esta por donde entrarían microorganismos patógenos que le provocarían muchos problemas.

Dolor

El dolor es un tema muy amplio y que va ligado a muchos tipos de problemas diferentes. Pero quiero dedicarle un apartado especial, puesto que en muchos casos está infradiagnosticado e infravalorado y esto, obviamente, afecta al día a día del animal y, por ende, a su bienestar. Es muy importante que ante la sospecha de dolor acudas al veterinario para solucionarlo lo antes posible.

Si hay dolor, hay cambios de comportamiento, y estos dependerán tanto del perro como del tipo de dolor: de si es agudo, persistente o crónico, entre otras cosas.

Algunos cambios de comportamiento asociados al dolor son:

- intentos de esconderse con el tutor o escapar de la consulta
- vocalizaciones (ladridos, aullidos, gruñidos…) y agresividad
- cambios de postura y evitar sentarse o tumbarse
- no querer moverse
- cambios en el apetito
- cambios en la expresión de la cara
- lamerse o morderse la parte afectada
- reducción de las interacciones
- apatía
- agresividad
- rigidez muscular
- columna arqueada

Capítulo 3

Primeros auxilios

El tema de los primeros auxilios es muy amplio y, al igual que con otros temas del libro, lo que pretendo es que tengas unos conocimientos básicos para que puedas actuar en caso de necesidad. Antes de hablar propiamente de primeros auxilios y emergencia, es importante que comprendas algunos parámetros fisiológicos y constantes vitales de tu perro para que puedas detectar si hay algún tipo de anormalidad.

Constantes vitales del perro

Temperatura

La temperatura en los perros es ligeramente superior a la nuestra. Suele medirse por vía rectal con un termómetro digital para que no se rompa y oscila entre 37,5-39,2 °C. La media más habitual es de 38,5 °C. Factores como el estrés pueden elevar la temperatura al máximo. Hablamos de hipertermia (temperatura superior a la normal) cuando el animal está por encima de 41 °C, lo que puede provocar lesiones en el sistema nervioso central. Por el contrario, hablamos de hipotermia (temperatura inferior a la normal) cuando está por debajo de los 33 °C.

Frecuencia respiratoria

Es el número de veces que tu perro respira por minuto (rpm). La frecuencia respiratoria debes medirla cuando está en reposo, observando los movimientos de subida y bajada de su caja torácica. Si el movimiento es lento puede ser señal de una bajada drástica de temperatura, una intoxicación... Si es rápido podría indicar algún tipo de problema en el corazón o la respiración. La media son 10-30 rpm, y: en los cachorros y perros de tamaño pequeño oscila entre 20-25 rpm y en los perros grandes, unas 15 rpm.

Frecuencia cardiaca y pulso

Es la cantidad de veces que late el corazón por minuto (lpm). ¿Cómo la puedes medir? Pon la palma de la mano en el lado izquierdo de su tórax y la diriges hacia la parte inferior, por detrás del codo. El pulso lo puedes tomar en la arteria femoral (zona de la ingle). Cuando late muy rápido hablamos de taquicardia y si late más lento hablamos de bradicardia. La media es de 60-160 lpm, aunque puede oscilar y seguir siendo normal. Los cachorros, por ejemplo, pueden tener hasta 220 lpm.

Tiempo de relleno capilar

Indica si la sangre llega correctamente a la periferia del organismo y hay, por tanto, un buen funcionamiento circulatorio. Tienes que presionar con un dedo la cara interna del belfo (el labio) y soltar rápidamente, este debe volver a su color habitual (rosado) en 1-2 segundos.

Estado de hidratación

Para saber cuál es el estado de hidratación de tu animal, debes dar un «pellizco» en el pliegue cutáneo de la parte posterior del cuello. Coges el pliegue con el pulgar y el índice y sueltas, tiene que volver a su estado normal en 1-2 segundos, aunque en perros obesos o muy delgados este tiempo puede variar. También es importante para observar el estado de hidratación revisar los globos oculares, que en el caso de deshidratación se encuentran más hundidos. Un aumento de la frecuencia cardiaca y las mucosas secas y sin brillo también son indicadores de deshidratación.

En este cuadro se resume todo lo explicado y un par de parámetros más:

PARÁMETRO	MEDIA
temperatura	37,5°C-39,2°C
frecuencia respiratoria (FR)	10-30 rpm
frecuencia cardiaca (FC)	60-160 lpm
tiempo de relleno capilar (TRC)	<2"
hidratación	<2", observar también ojos, mucosas y FC
estado de consciencia	alerta: responde a todos los estímulos
mucosas	rosadas y húmedas
ojos	limpios, sin secreciones, húmedos y brillantes
oídos	limpios y sin malos olores
comportamiento	observar si está más tranquilo o nervioso de lo habitual y cómo interacciona con el medio

Qué es una emergencia

Es complicado definir qué es una emergencia, ya que, como ves, los perros tienen parámetros diferentes a los humanos. Antes de nada, una frase que siempre digo a mis clientes, amigos y familiares: «Si dudas de si ir a urgencias o no por lo que está pasando, ve». En ocasiones no será nada grave, pero en otras sí.

Si no estábamos presentes cuando ha sucedido el accidente o percance, debemos fijarnos en el entorno y atender a detalles como:

- cables mordidos o dañados
- plantas mordisqueadas
- cubo de la basura volcado
- cajas de medicamentos que estén a la vista

- objetos rotos (como cristales)
- vehículos detenidos fuera de la vía en caso de que suceda en la carretera

Tenemos que agudizar nuestros sentidos para interpretar la información, por lo que una situación de emergencia nos la pueden indicar olores, comportamientos o sonidos extraños (o todos ellos):

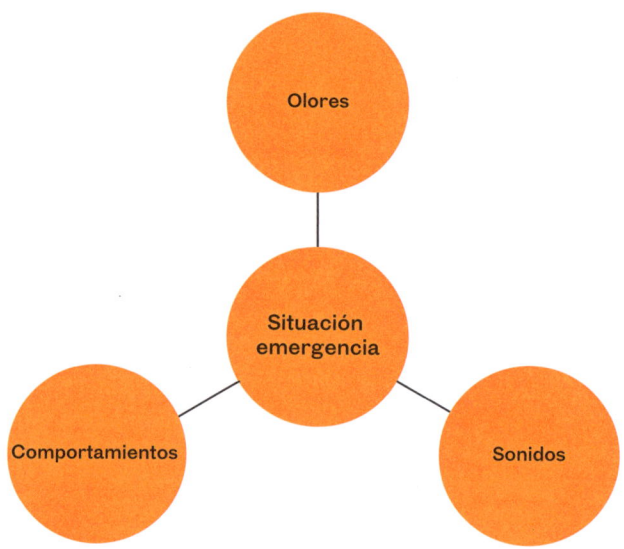

Recuerda que ante un accidente el protocolo de actuación que debes aplicar son las siglas PAS (proteger, avisar, socorrer). A veces la lógica nos lleva a seguir otro orden, pero este es el correcto para no empeorar la situación y poder ayudar realmente.

Emergencias frecuentes y actuación

Golpe de calor

Hablamos de golpe de calor cuando la vida de nuestro perro se encuentra en peligro debido a que es incapaz de termorregular y excretar el exceso de temperatura. Los perros eliminan mayormente el exceso de temperatura por la boca mediante el jadeo, pero si la temperatura del ambiente es demasiado elevada, este sistema se queda corto y su cuerpo empieza a entrar en shock. A continuación, te doy unas pautas para actuar en un primer momento, pero debes acudir de inmediato al veterinario, ya que un golpe de calor puede ocasionar fallos en el organismo de forma irreversible.

¿Cómo debemos actuar?

1. Saca al perro de la zona soleada y calurosa.
2. Ponlo en la sombra en una zona ventilada o usa un ventilador.
3. Refresca labios, ingles y barriga con agua fresca (no congelada).
4. No lo fuerces a beber.
5. No lo tapes.
6. No le pongas hielo directamente.
7. Acude al veterinario.

Procesionaria

Es más conocida como «procesionaria del pino» y es una oruga peluda que puede causar graves problemas en caso de entrar en contacto con tu perro. Solemos avistarlas entre enero y abril, y se llama procesionaria porque bajan de los pinos y otras coníferas unas pegadas a otras simulando ir en procesión. Si tu perro entra en contacto con una de ellas puedes notar este tipo de síntomas:

- salivación y dolor en la boca
- edema-úlceras-necrosis en la lengua
- agitación generalizada (está más nervioso)
- urticaria: se frota la cara si el contacto ha sido en esa zona
- angioedema (dificultades respiratorias)

¿Cómo debes actuar?

1. Inspecciona rápidamente la zona para ver la parte afectada/extensión y gravedad. Si tienes que manipular, hazlo con guantes porque a ti también te afecta.

2. Puedes lavar la zona con agua templada-caliente. Si el contacto ha sido en la boca (sin frotar, ya que romperías los pelitos y se excretaría más toxina) hazlo de dentro hacia fuera (para que no entren dentro del cuerpo). El agua caliente inhibe la toxina.
3. Llama al veterinario más cercano para decir que vas hacia allí y que sospechas de contacto con procesionaria para que estén preparados a tu llegada.
4. Aunque pueda parecerte algo sin importancia, vete rápidamente al veterinario tanto si ha habido ingestión o solo contacto.

Reanimación cardiopulmonar (RCP)

La reanimación cardiopulmonar es necesaria cuando no detectemos ni pulso ni respiración en nuestro perro y, además, esté inconsciente. Si tiene pulso, pero no respira, solo realizaremos la reanimación pulmonar con ventilación asistida. Son dos cosas que pueden llevarse a cabo por separado, pero que se unen en la RCP. Te explico a continuación cómo se hace:

Paso 1: Masaje cardiaco

Primero hay que encontrar el punto del masaje cardiaco: con el animal tumbado sobre el costado derecho, flexiona su pata delantera izquierda y el punto que te marque el codo es donde tendrás que hacer el masaje cardiaco.

1. Pon el talón de una mano en el punto del masaje y entrelaza las manos.
2. Bloquea los codos e inclina el cuerpo de forma que tus hombros queden directamente sobre tus manos.
3. Comprime en ese punto provocando un descenso del tórax entre un tercio y la mitad de su profundidad.
4. Después de la compresión, permite la recuperación por su propia elasticidad.
5. Haz una frecuencia de 100 compresiones por minuto (puedes seguir el ritmo de la canción de los Bee Gees «Stayin Alive»).

6. No debes interrumpir el masaje antes de los dos primeros minutos, a no ser que haya señales de vida por parte del perro, en cuyo caso sí deberás parar el masaje cardiaco.

Paso 2: Reanimación respiratoria

7. Extiende el cuello del animal dejando alineados hocico y columna.
8. Cierra con la mano la boca del perro alrededor del hocico y cubre la trufa (nariz) con tu boca.
9. Insufla aire hasta que veas que el tórax se expande.
10. Retira la boca y deja que su tórax se desinfle, dejando salir de forma pasiva el aire.

Una vez sepas hacer el paso 1 y el paso 2, es el momento de juntar ambos al siguiente ritmo y frecuencia: 30 compresiones torácicas (paso 1) / 2 ventilaciones (paso 2) durante un mínimo de 2 minutos (esto son cuatro ciclos de ventilación/compresión).

Atragantamiento

Es una de las emergencias más frecuentes.
Como tutor es necesario que sepas actuar correctamente, ya que de ello puede depender su vida. Te explico paso a paso lo que hay que hacer:

1. Inspecciona la boca por si el objeto extraño se encontrara ahí. Muchas veces no ha llegado a pasar hacia dentro y podemos sacarlo (ten cuidado con los dedos).
2. Si no es el caso, pon a tu perro en posición de carretilla (patas traseras levantadas) si es grande, o carretilla y elevación (levantar en el aire) si es pequeño. Esto se hace con la intención de que el objeto salga con la ayuda de la gravedad y la posición.

Primeros auxilios

3. Si no sale nada, dale unas palmadas fuertes entre escápulas (omoplatos) para ayudar a expulsar el objeto.
4. Si después de todo lo anterior tienes la seguridad de que hay un cuerpo extraño, puedes pasar a la maniobra de Heimlich.

¿Cómo hacer la maniobra de Heimlich?

1. Ponte detrás de tu perro.
2. Rodea su abdomen con los brazos y busca la zona donde termina la caja torácica.
3. Junta las manos y pon una de ellas en forma de puño.
4. Coloca el puño sobre el abdomen en caso de perros grandes, o tres dedos en perros pequeños y cachorros.
5. Con la otra mano haz compresión sobre el puño hacia dentro y hacia arriba.
6. Las compresiones deben ser rápidas, firmes y fuertes.
7. Después de hacer un par de compresiones vuelve a mirar la boca.
8. Si el objeto no está en la boca, prueba a hacer dos o tres compresiones más y vuelve a inspeccionar.

En casos de atragantamiento por un objeto, el aire no puede entrar correctamente, por lo que muchos animales necesitarán también de una ventilación asistida o, en algunos casos, de una RCP.

Intoxicaciones

El tema de intoxicaciones daría también para un único capítulo e incluso un libro entero, pero como se trata de que te quedes con lo más importante, te hablaré de las más frecuentes.

Intoxicaciones alimentarias

Como verás más adelante, soy partidario, a título personal y profesional, de alimentar a nuestros perros con comida de verdad y no con bolitas secas (pienso). Pero ¡cuidado!, eso no quiere decir que puedan comer de todo. De hecho, hay alimentos que nosotros podemos consumir sin problemas y que para ellos suponen un riesgo para su salud. Te dejo un cuadro resumen con los alimentos que tu perro debe evitar.

* El ajo se utiliza en fitoterapia como antibiótico natural y desparasitante, entre otras cosas. Pero hay que cuidar la dosis. A algunos animales el ajo y la cebolla les pueden producir problemas. Consulta con tu veterinario integrativo.
** Conforme los perros crecen, al dejar de consumir leche pierden la enzima lactasa, por lo que se hacen intolerantes a la lactosa.
*** Lo tóxico es la piel, el hueso y la planta. Al ser un alimento muy graso hay animales que no lo toleran bien.

Medicamentos tóxicos de uso humano

Las intoxicaciones por medicamentos de uso humano son muy frecuentes. Se hace de forma intencionada, pero sin mala intención: a nuestro perro le duele algo y queremos aliviarle igual que haríamos con nosotros. Pero debes saber que los medicamentos que nosotros más utilizamos pueden ser tóxicos para ellos, como el paracetamol, el ibuprofeno y el ácido acetilsalicílico (aspirina).

Productos del hogar

La ingestión de productos de limpieza, como lejía, detergentes, etc., es frecuente, sobre todo si tienen los productos a su alcance; así que, en este caso, como si se tratara de niños pequeños, este tipo de productos deben estar siempre bien guardados.

El cuadro de síntomas varía mucho en función del producto en cuestión: salivación, vómitos, diarreas, quemaduras del sistema digestivo, síntomas respiratorios, neurológicos, convulsiones... En caso de intoxicación por este tipo de productos NO SE HACE VOMITAR AL PERRO, ya que el problema puede empeorar al volver a pasar el producto corrosivo cuando va hacia fuera por el aparato digestivo.

Otros tóxicos

Te he comentado las intoxicaciones más frecuentes, pero hay que tener en cuenta que otras muchas cosas pueden ser tóxicas para los perros, como plantas como la flor de Pascua (típica de Navidad) y otras que resultan tóxicas para ellos (puedes consultarlas en aspca.org), productos herbicidas que se echan en las hierbas de campos y ciudades, setas, sapos, picaduras y mordeduras de otros animales, etc. Es muy importante que siempre trates de identificar la causa de la intoxicación, ya que será mucho más fácil y rápida de tratar en el veterinario.

Botiquín

Tener un botiquín con algunas cosas básicas te facilitará gestionar determinadas situaciones de primeros auxilios. Este puede ser desde muy sencillo a mucho más elaborado, por eso te recomiendo que hables con tu veterinario para que te ayude: puede hacerte recomendaciones y prescribirte algunos medicamentos para situaciones de emergencia si lo considera oportuno, y también explicarte cómo aplicarlos.

Las cosas que debería contener el botiquín son:

para el humano	- guantes desechables - desinfectante de manos
contención para el perro (por si es necesario)	- bozal - correa y collar
material de un solo uso	- vendas - gasas - esparadrapo - jeringas de diferentes medidas
para heridas	- suero fisiológico (servirá para limpiar las heridas, ojos, boca...) - antiséptico (clorhexidina, alcohol, povidona yodada...). La clorhexidina es adecuada para salir del paso en las heridas en general y así te ahorras el resto - ¿grapadora? Hay grapadoras quirúrgicas que en situaciones muy aisladas pueden hacerte ganar tiempo para parar la hemorragia hasta llegar al veterinario
medicamentos	Recuerda que siempre deben estar prescritos por un veterinario: - pomadas (varias opciones, una con corticoides y otra sin, una cicatrizante...) - corticoesteroides inyectables por si estáis en medio de la montaña y entra en contacto con procesionaria, por ejemplo
otros	- pinzas - pinzas quitagarrapatas - termómetro de punta flexible - manta térmica - linterna - tijeras - cortaúñas

Capítulo 4

10 mitos sobre la salud del perro

Los perros ven en blanco y negro

1 Como he comentado, los perros tienen una capacidad más limitada que los humanos para ver las gamas de colores (no distinguen bien entre rojo y verde), pero no ven en blanco y negro.

Las perras deben parir una vez

2 No es necesario que una perra tenga una camada al menos una vez y, de hecho, hacerlo como particular sin ser un criador profesional que sabe lo que hace conlleva más riesgos que beneficios. Mi recomendación: no lo hagas.

No engordan después de castrarles

3 Hay un ligero aumento en la posibilidad de tener sobrepeso en animales castrados, debido a que las hormonas también participan en metabolismos de su organismo; no obstante, es algo que se puede controlar con una dieta adecuada.

4 La castración son todo beneficios

Como cualquier procedimiento conlleva pros y contras, y por eso debe ser una decisión individualizada después de valorar la salud física y comportamental de cada animal. Antes de castrar haz una visita a tu veterinario de cabecera y a un especialista en comportamiento para poder tomar la mejor decisión.

5 La nariz seca indica que está enfermo

El hecho de que la nariz del perro esté más o menos seca atiende más a causas del ambiente e hidratación que al hecho de una enfermedad en sí, así que no sería un buen indicativo para valorar si tu perro está enfermo.

6 Un año de humano son siete de perro

Esto es un mito y ni siquiera se sabe en qué momento surgió. Actualmente sabemos que, entre otras cosas, la raza es un factor importante para poder hacer esta extrapolación, pero también influyen otros factores. Además, hay diferencias a la hora de cuantificar, puesto que no tiene el mismo peso el primer año de vida que otros. Una tabla más acertada sería la que se muestra en página siguiente.

7 A algunas razas se les queda encajada la mandíbula

No existe ningún mecanismo anatómico o fisiológico que produzca este fenómeno atribuido a algunas razas de mordida fuerte o perros de presa. Lo que sí pasa es que perros con mordidas potentes pueden morder y aguantar la mordida de forma más fuerte, como es lógico.

Edad del perro (Años humanos)	Raza pequeña: Edad en años de perro	Raza mediana: Edad en años de perro	Raza grande: Edad en años de perro	Raza gigante: Edad en años de perro
1	15	15	14	14
2	23	24	22	20
3	28	29	29	28
4	32	34	34	35
5	36	37	40	42
6	40	42	45	49
7	44	47	50	56
8	48	51	55	64
9	52	56	61	71
10	56	60	66	78
11	60	65	72	86
12	64	69	77	93
13	68	74	82	101
14	72	78	88	108
15	76	83	93	115
16	80	87	99	123

8 Un perro obeso es un perro feliz

Uno de los argumentos cuando se hace alusión en consulta a que está un poco gordito es «Bueno, pero es feliz». Pero no, la felicidad no depende de estar más o menos obeso, depende de cubrir correctamente sus necesidades como especie y entre ellas se encuentra una buena condición corporal, además de los riesgos que conlleva para su salud.

9 Si lo rapo tendrá menos calor

Como ya he explicado, el pelo (bien mantenido) es su mejor protección tanto contra el frío como el calor. Raparlo solo hace exponer su piel a quemaduras y lesiones, y aumentar el riesgo de sufrir un golpe de calor.

10 El jabón de lavar los platos o la ropa les va genial para el pelo

Ya sabes que el pH del perro y el del humano son diferentes. No usar productos adaptados a sus necesidades puede derivar en problemas de piel para el animal. En la actualidad hay muchos productos de calidad adaptados a su especie, por eso no es necesario usar productos que no son adecuados para ellos.

En los capítulos de la parte de alimentación te hablaré de qué tipos hay, cuáles son más o menos recomendables en función de su calidad real —no de lo que dice el marketing— y te propondré algunas recetas saludables y divertidas para hacer en casa.

SEGUNDA PARTE

Alimentación

Capítulo 5

Bases de la nutrición en los perros

Antes de hablar de los diferentes modelos de alimentación para tu perro, te explicaré algunos conceptos generales de la nutrición canina.

Conceptos generales

El perro lo podemos catalogar como un carnívoro facultativo o semicarnívoro. Esto quiere decir que es capaz de aprovechar y obtener ciertos nutrientes de fuentes de origen vegetal, pero que su dieta debe ser a base de productos de origen animal. No es una única característica anatómica o fisiológica lo que le hace un carnívoro, sino el conjunto de todas ellas:

- tipo de dentadura y apertura de la masticación
- forma de masticación: lo justo para adaptar el paso del alimento por el esófago
- copias de amilasa salivar (enzima encargada de la predigestión de hidratos de carbono) muy variables según razas
- pH estomacal muy ácido

- intestino corto y simple preparado para metabolizar proteínas y grasas de origen animal y expulsar microorganismos patógenos con mayor rapidez (recordemos que son animales carroñeros por naturaleza)

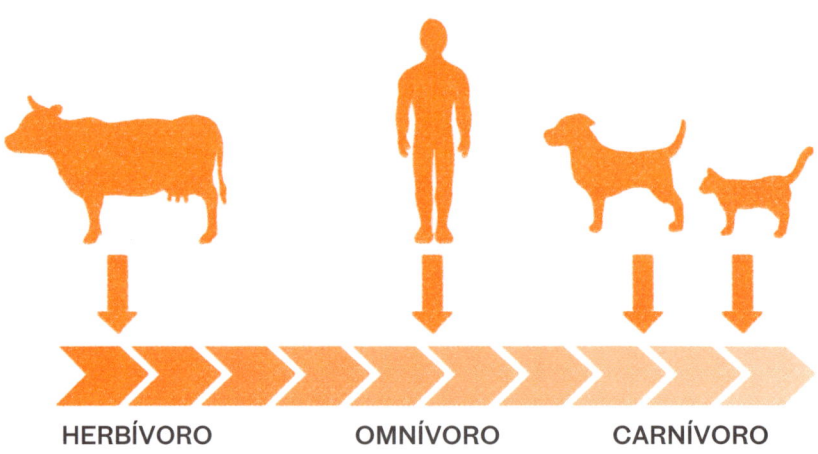

HERBÍVORO   OMNÍVORO   CARNÍVORO

¿Qué come un perro? Obviamente, un perro no come pienso. El pienso es una creación humana de hace unos 150 años para facilitar la vida a las personas que viven con perro, aunque, como veremos, quizá no es lo más adecuado.

Para saber qué comen los perros observaremos grupos de perros ferales. Veremos que prefieren animales de reducido tamaño tipo roedores, aves, conejos, insectos, ranas, pequeños lagartos y pequeños ungulados como gacelas u ovejas.[1, 2, 3, 4, 5] Cuando no hay disponibilidad, se alimentan de carroña y consumen también materia fecal de otros animales, lo que aumenta la cantidad de hidratos de carbono y vegetales que ingieren.

¿Por qué muchos organismos de veterinaria catalogan al perro como un omnívoro? Es extraño, porque en la facultad de Veterinaria el perro es tratado como un carnívoro en muchas asignaturas, como anatomía, fisiología, patología general y especial veterinaria, entre otras. Lo que sucede es que confundimos el hecho de que pueda sobrevivir durante periodos de tiempo con una alimentación baja en carne y productos de origen animal, con el hecho de vivir y tener un buen estado de salud, que son cosas diferentes. Por ejemplo, los perros ¿están preparados para digerir correctamente hidratos de carbono? La realidad es que no.

Los perros tienen rutas metabólicas más especializadas que los humanos para obtener la energía de las grasas y las proteínas; de hecho, actualmente sabemos que por mucho que intentemos que lleven una alimentación omnívora de forma forzada a través de los piensos (los cuales ya veremos que llevan una gran cantidad de hidratos de carbono), si les permitimos volver a estados de semilibertad o se convierten en perros salvajes vuelven a tener hábitos carnívoros. Esto se observó cuando se examinaron grupos de perros en semilibertad en Zimbabue, cuya comida consistía en una mezcla de gachas; sin embargo, recuperaban sus preferencias carnívoras en cuanto había disponibilidad y oportunidad.[6]

Hay pocos estudios al respecto y muchos de los que hay presentan limitaciones, y aun así se han utilizado como dogma de fe para decir que los perros pueden consumir grandes cantidades de hidratos de carbono, como el ejemplo del estudio en Zimbabue. ¿Esto nos puede servir como evidencia científica para afirmar que nuestros perros son omnívoros y que están preparados para consumir grandes cantidades de hidratos de carbono? No, esto lo que nos indica es que los perros, como carroñeros y oportunistas que son, se alimentan de lo que tienen más cerca y teniendo en cuenta la disponibilidad de alimentos a la que tengan acceso; pero, repito: si les permitiéramos expresar sus conductas alimentarias volverían a adquirir hábitos carnívoros.

Proceso de digestión

El proceso de digestión de los alimentos consiste en extraer los nutrientes que, una vez absorbidos, pasarán a las células del organismo. Para que entiendas el proceso te resumo a continuación las funciones de las tres partes del sistema digestivo.

- *Sección ingestiva*: la forman la boca, la faringe y el esófago. En la boca se mezclan los alimentos masticados con la saliva y el resultado se llama «bolo alimentario». El perro puede tener cierta cantidad de amilasa salivar para la pre-

digestión de los hidratos de carbono, pero esta varía mucho entre razas y zonas geográficas según su alimentación. El bolo atraviesa la faringe y el esófago y, mediante contracciones de los músculos, pasa al estómago.
- *Sección digestiva*: la forman el estómago, el hígado, el páncreas y el intestino delgado. El bolo alimentario entra en contacto con el contenido gástrico (muy ácido) y se hace un primer ataque de las sustancias nutritivas más solubles. Esta mezcla del bolo y los jugos gástricos se llama «chimo». En la primera parte del intestino delgado se aportarán enzimas digestivas para que los nutrientes sean más absorbibles por las paredes intestinales y sus vellosidades.
- *Sección expulsiva*: la forman el intestino grueso y el recto. En esta parte hay una absorción de agua y nutrientes y los restos son expulsados al exterior en forma de heces.

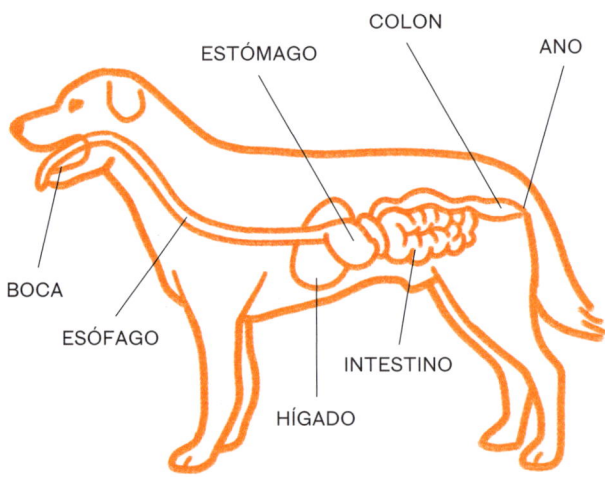

Nutrientes principales

Agua. El acceso a agua limpia y fresca debe asegurarse de manera diaria y constante, puesto que es necesaria para una supervivencia básica y el correcto funcionamiento del organismo de un animal. Además, si hablamos de perros que se están alimentando con comida seca, es mucho más importante que tengan acceso a agua.

Grasas. Son la fuente de energía predilecta, tanto de los perros como de los gatos, según los estudios. El tipo de energía que proporcionan las grasas es una energía más mantenida en el tiempo, lo que le asegurará un aporte energético constante y a medida que lo necesite.

Proteínas. Son vitales para numerosas funciones y estructuras del organismo. Las proteínas están formadas por aminoácidos, que son necesarios para la síntesis de proteínas para el crecimiento y reparación de tejidos. Además, en caso de necesitar energía también pueden obtenerla de estas (aunque son menos eficientes). Su calidad se mide por el valor biológico (perfil aminoácidos) y su digestibilidad.

Hidratos de carbono. Aportan energía de manera «rápida» y pueden obtenerse de diversas fuentes, como cereales, legumbres, vegetales y frutas. Los piensos extrusionados (la gran mayoría del mercado) son necesarios para poder fabricar la croqueta. Sin almidón es imposible fabricar pienso extrusionado.

Minerales. Son elementos inorgánicos esenciales para los procesos metabólicos del organismo. Aproximadamente un 4 % del peso está formado por materia mineral y, aunque sea un pequeño porcentaje, son necesarios en su justa medida. Los dividimos en:

- macrominerales: son los mayoritarios en el organismo y encontramos calcio, fósforo, magnesio, azufre, hierro, y los electrolitos sodio, potasio y cloruro.
- microminerales (u oligoelementos): están presentes en una cantidad muy pequeña, por tanto, su aporte en la dieta es mínimo pero necesario.

Vitaminas. Son moléculas orgánicas que se necesitan en cantidades muy pequeñas para actuar en diversos procesos del organismo. La mayoría no pueden ser sintetizadas por el organismo y deben ser ingeridas a través de los alimentos.

Microbiota intestinal

La microbiota intestinal es la comunidad de microorganismos (sobre todo bacterias, pero también virus, hongos...) que ocupan un hábitat específico. En este caso hablamos de microbiota intestinal, puesto que es toda esa población que se encuentra mayoritariamente en los intestinos. Estas bacterias que forman parte de la microbiota no son malas, sino todo lo contrario: son beneficiosas para la salud de tu animal y para luchar contra las bacterias nocivas que entren en su organismo. Cada vez más estudios demuestran la importancia de la microbiota intestinal.

La microbiota tiene un papel importante en procesos como:

- obtención de energía
- metabolismo
- desarrollo neuroconductual
- actividad inmunológica

Cuando la microbiota está alterada, aparece la disbiosis, y esta alteración puede estar ligada al desarrollo de varias enfermedades:

- enfermedad inflamatoria intestinal
- obesidad
- alergias
- diabetes
- problemas de conducta
- problemas dermatológicos

¿Qué deteriora la microbiota?

- el estrés
- el ambiente

- una alimentación muy procesada
- el uso abusivo de fármacos

¿Cómo puedes ayudar a la microbiota intestinal de tu perro?

- Aliméntalo con comida de verdad, adaptada a los requerimientos de su especie: en los pocos estudios que se realizan de alimentación natural para perros y gatos, y los que se han enfocado a la microbiota, parece que los grupos alimentados con alimentación natural tienen unos intestinos más sanos y eficientes en comparación con los animales alimentados con pienso.
- Incluye en su alimentación probióticos y prebióticos (más adelante te hablaré de cuáles puedes darle).
- Medícalo siempre con prescripción del profesional y haz un uso justificado de los fármacos, sobre todo de antibióticos, pero en general de cualquier fármaco.
- Controla los niveles de estrés y la correcta gestión emocional.

Condición corporal y peso

Uno de los grandes problemas de los perros hoy en día es que hablamos ya de que casi un 50 % de ellos tiene sobrepeso. Hay varios factores que pueden hacer que tu perro engorde o adelgace, pero no solo es importante tener en cuenta el peso como tal (que es una medida más), también es importante evaluar su condición corporal, que, aunque puede ser más subjetiva, nos da una valoración de si se encuentra en un peso saludable.

Hay varias escalas para determinar esto, algunas de nueve puntos y otras de cinco. Aquí te explico la de cinco puntos, porque creo que para un uso en casa como tutores ya proporciona información suficiente para que puedas evaluar si está bien o no.

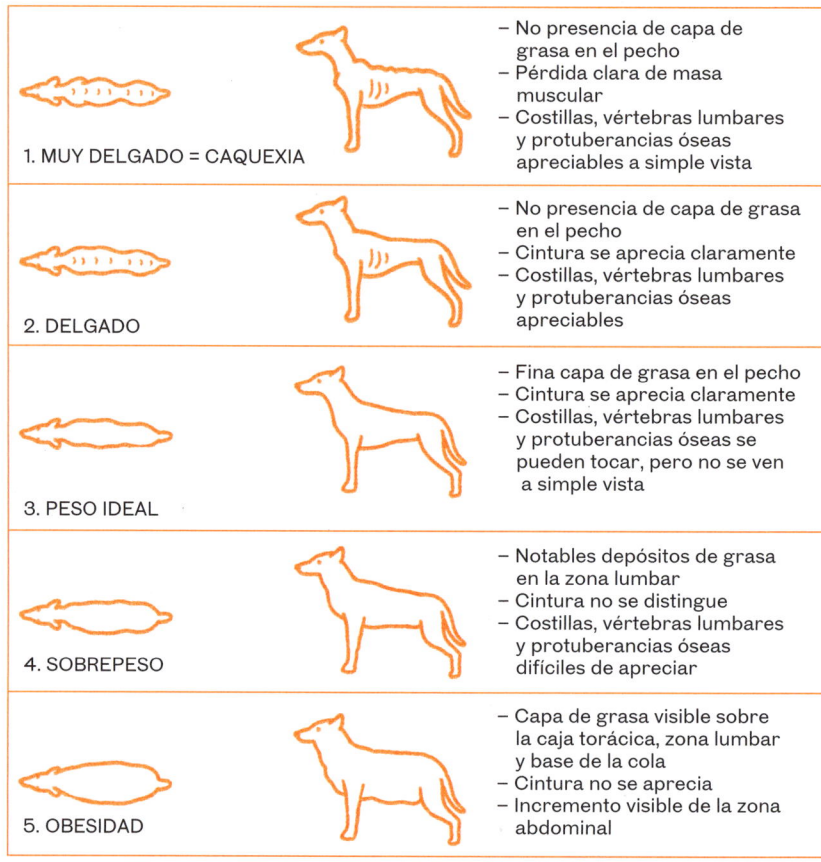

Etapas y necesidades

Al igual que tú no tienes los mismos requerimientos nutricionales a lo largo de tu vida, tu perro tampoco, por eso es importante comprender algunos conceptos clave de cada etapa.

Alimentación para el destete

Los primeros alimentos que consume el cachorro deben adaptarse a su anatomía y fisiología, y cumplir algunos requisitos:

- Deben ser bajos en almidón, debido a que tienen poca capacidad para digerirlo en esta etapa.

- Deben tener un alto contenido energético en poco volumen, debido a que en esta etapa su estómago es muy pequeño, pero el animal necesita gran aporte energético.
- Deben contener altos niveles de proteína de calidad.
- Lo ideal es empezar por triturados de asimilación fácil.

Alimentación para cachorros en crecimiento

Es la etapa más importante, debido a que va a crecer hasta obtener su físico de perro adulto. El plato que preparamos debe tener en cuenta varios aspectos:

- Que no sea excesivo en hidratos de carbono que no vaya a consumir el organismo del animal, puesto que podría acabar provocando un exceso de peso y dificultad de crecimiento.
- Debe proporcionar la suficiente energía que requiere un organismo en crecimiento, pero se debe vigilar que el animal no se exceda de peso, lo que dificultaría un crecimiento correcto.
- Debe contener proteínas de calidad (alto valor biológico y biodisponibilidad).
- Debe mantener el equilibrio correcto entre calcio y fósforo.

Alimentación para perros adultos

Siguiendo las mismas pautas, la alimentación en esta etapa debe ser:

- Baja en hidratos de carbono y con proteína de alto valor biológico, aunque las demandas energéticas no son tan elevadas.
- Hay que tener en cuenta no sobrealimentar al animal, ya que no hay una demanda energética tan elevada como en la etapa del cachorro, así que es más fácil la predisposi-

ción al sobrepeso u obesidad si no estamos en un balance energético neutro.

Alimentación para perros séniores

Establecer las necesidades nutricionales de un perro en su etapa sénior es complicado, puesto que suele tener una o más patologías que requerirán de una terapia nutricional concreta para mejorar su calidad de vida. A grandes rasgos podemos establecer algunos parámetros interesantes en la etapa sénior:

- La demanda energética se ve disminuida, debido también a que, por dolencias o la simple edad, no realizan tanta actividad física, así que un control energético a través de la alimentación es primordial para no empeorar la salud.
- Al contrario de lo que se piensa, a un perro sénior no hay que disminuirle la proteína a no ser que tenga alguna patología, pero como en todas las etapas debe ser una proteína de alta calidad y digestibilidad.
- Se utilizan antioxidantes naturales presentes en algunas frutas y de triglicéridos de cadena media mejora la función cognitiva en esta etapa.

Pandemias silenciosas

Desde hace unos años en la clínica veterinaria nos estamos encontrando con frecuencia una serie de problemas de salud directa o indirectamente ligados a la nutrición que no deberíamos ver en nuestros perros. Es lo que he llamado «pandemias silenciosas».

Es curioso que veamos estas enfermedades emergentes de origen no infeccioso, cuando se supone que la gran mayoría de los perros comen pienso, que es lo que «deberían» según las recomendaciones actuales. Compartimos muchas cosas con nuestros perros, y también una serie de enfermedades que cada vez son más frecuentes en humanos, pero también en perros. Aquí te dejo un listado de algunas y que cada uno saque sus propias conclusiones sobre si puede o no haber relación directa o indirecta entre nutrición y estos problemas, ya que actualmente no se están haciendo estudios al respecto:

- sobrepeso y obesidad
- problemas bucodentales
- problemas renales
- problemas urinarios
- problemas digestivos (muchos)
- tasas de cáncer más elevadas
- diabetes
- problemas dérmicos

Mi recomendación

Antes de entrar en detalle sobre los diferentes tipos de alimentación, te diré que la alimentación natural (tanto cocinada como cruda), aunque implique más tiempo para ti, siempre será más beneficiosa para la salud de tu perro que los alimentos procesados (pienso), ricos en harinas refinadas, aceites vegetales refinados y sometidos a temperaturas tan elevadas para su fabricación. Todos estos ingredientes pueden generar una inflamación interna y ser (o no) responsables de algunos de los problemas que estamos viendo en los perros.

¿Cada cuánto alimentarlo?

Esta es una de las preguntas más frecuentes entre tutores: ¿cuántas veces le tengo que dar de comer al día? Y la respuesta es: depende, como todo. Influye el tamaño del animal, el tipo de alimentación, si hay o no patologías o condiciones especiales...

Un error frecuente que se comete es pensar que la cantidad que te indica el envase, o la que calculas tú si das alimentación natural, se le tiene que dar en cada toma. No es así: la cantidad total de alimento que le toque hay dividirla entre las veces que le demos de comer al día.

En el cuadro inferior tienes algunos ejemplos para que te sirvan de orientación o guía de partida, aunque cada profesional te puede dar pautas distintas.

Para perros cachorros

EDAD	TOMAS DIARIAS
hasta los 2 meses	de 4 a 6
de los 3 a los 6-8 meses	3
a partir de los 8 meses	2

Para perros adultos

TIPO DE PERRO	TOMAS DIARIAS
perros miniatura	3
resto de tamaños	1 o 2 (2 suele ser la mejor aceptada por la mayoría y 1 puede ser mucha cantidad de golpe)

Si el perro es de raza gigante o grande, hay que evitar alimentarle una única vez al día, ya que puede ser mucha cantidad de comida para una sola toma y si luego hacen ejercicio corremos riesgo de dilatación y/o torsión gástrica.

Opciones de comida

En el gráfico que tienes a continuación verás los distintos tipos de comida que puedes ofrecer a tu perro. El pienso no es la única opción de alimentación. Es cierto que hay opciones mejores y peores, y las decidirás en función de muchos factores.

Hay muchas subcategorías que se pueden incluir en todas ellas, pero recuerda que la finalidad de este libro es que puedas llevarte e interiorizar las cosas verdaderamente importantes sin perderte por el camino.

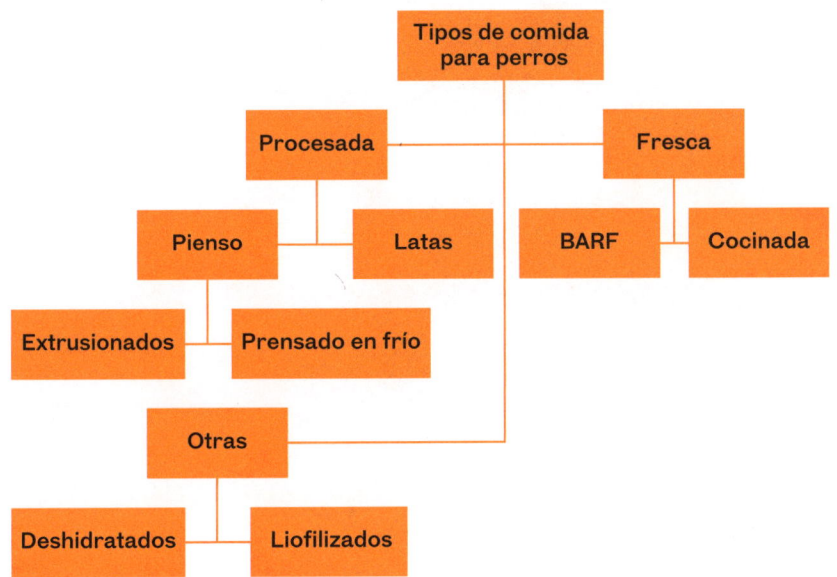

Capítulo 6

Alimentación altamente procesada

En este capítulo hablaremos del pienso, que es el modelo de alimentación más utilizado y cómodo para alimentar a tu perro, pero no por ello quiere decir que sea la mejor opción, y si me sigues en redes sociales sabrás que no soy muy partidario de este tipo de alimentación, no al menos de cómo se utiliza.

Para mí el pienso puede tener cabida y un uso concreto en determinados momentos, incluso temporadas, por diversas circunstancias, pero no tiene sentido alimentar a un ser vivo con un alimento tan procesado y en muchos casos con materia prima de baja calidad durante todos los días de su vida.

Seguramente la primera noticia que tenemos de la comida seca (pienso) para perros como la conocemos en la actualidad se deba a James Spratt, quien la ideó en el año 1850. Spratt era un electricista que en uno de sus viajes vio cómo la tripulación de un barco daba sobras de galletas a sus perros, por lo que una vez llegó a Nueva York se puso manos a la obra para crear comida para perros en forma de galletas.

Posteriormente, un veterinario, A. C. Daniels, fue el primero en crear una comida comercial medicada para perros hacia 1880. Uno y otro marcan el inicio de la industria alimentaria para perros que ha llegado hasta hoy, cuando encontramos mucho marketing invertido en esta industria dada la gran acogida que ha tenido como modelo de alimentación.

Pros y contras del pienso

Podría hablarte largo y tendido sobre este tema, pero me centraré en explicarte algunos puntos concretos para que puedas tener una idea general de este modelo de alimentación y que no sea únicamente la de «está formulado por veterinarios» o «el pienso es lo más completo y equilibrado y es lo único que deben comer».

Pros

- Es muy cómodo: es tan sencillo como comprar el saco y simplemente ofrecerle la ración que le toque. No necesita nevera ni elaboración, es fácil delegar esta tarea en cualquier persona en caso de que sea necesario; es rápido y no engorroso.
- Es fácil de dosificar y ofrecer: en cada envase te viene indicada la cantidad orientativa según peso y edad y, salvo excepciones, esa suele ser la cantidad requerida energéticamente hablando.
- Cumple con los requerimientos nutricionales del perro. Si bien aquí podríamos hablar de cierta gama de grises, la formulación está hecha para cumplir unos mínimos requerimientos nutricionales para la especie de destino, aunque no tenga en cuenta las fuentes de las que proviene.
- Es fácil de conservar y transportar: no precisa de frío ni calor, se puede conservar en el propio saco y es fácil llevarlo allá donde lo necesitemos.

Contras

- Los procesos de fabricación son muy agresivos con los nutrientes, debido a que para fabricar la mayoría de los pien-

sos del mercado se utiliza el proceso de extrusionado, que precisa de calor, presión y una fuente de hidratos de carbono. La temperatura a la que se someten las materias primas (llegan a los 140 °C e incluso más) es muy agresiva con los nutrientes, sobre todo con las vitaminas y minerales y por eso suplementan este tipo de alimentación, porque pierde mucho valor nutricional. Además, en este proceso de fabricación pueden aparecer sustancias poco adecuadas para la salud, como la acrilamida, por no decir que el organismo de tu perro no está preparado para asimilar esa cantidad de hidratos de carbono, y también puede sufrir contaminación por micotoxinas,[1] fallos en la formulación y otras contaminaciones por microorganismos.
- Está altamente suplementado con aditivos para cubrir los requerimientos nutricionales. Como he dicho, el proceso de fabricación es agresivo con los nutrientes, y en muchas ocasiones la materia prima es de baja calidad, y si no se suplementa con nutrientes y vitaminas, no serviría para alimentarlos únicamente con eso. Da que pensar que una alimentación que se supone que es la mejor precise de una larga lista de vitaminas y minerales suplementados para poder funcionar.
- Uso de harinas refinadas, aceites vegetales refinados entre otros ingredientes que, en la evidencia científica en humanos (que es donde está estudiado), sabemos de sobra que no son buenas para el organismo, mucho menos ingerirlos de forma frecuente y abundante como hacen los perros en cada bocado de pienso.

¿Cómo hacer una correcta elección?

Olvídate de la lista de beneficios para la salud del envase, del marketing, de las recomendaciones de calidad por ser de determinada marca, etc. La calidad del producto es la que determina la composición junto a la tabla de valor nutricional.

La normativa del pienso tiene aún muchos vacíos y laxitud, por lo que los fabricantes no están obligados a especificar muchas cosas en la etiqueta, pero aquí van algunas recomendaciones para que tengas las herramientas para hacer una buena elección. Son recomendaciones generales y para animales sanos, no obstante, recuerda que siempre hay que buscar lo que mejor le pueda funcionar a cada animal de forma individual.

- Escoge alimentos que utilicen términos lo más específicos posible y descarta aquellos que utilicen términos demasiado genéricos o difíciles de entender. Por ejemplo: mejor que ponga pollo deshidratado, que proteínas de aves deshidratadas; mejor que ponga grasa de pollo, que grasas animales.
- Los ingredientes siempre están en orden decreciente, es decir, los alimentos que están en las primeras posiciones son los que aparecen en más cantidad en el producto. Sabiendo que hablamos de un carnívoro facultativo, escoge aquellas opciones que incluyan carnes y/o pescados. Si tenemos dos composiciones y una empieza por «Trigo, harina de pollo y pavo» y la otra por «Carne fresca de pato, carne fresca de pavo...», quédate con la segunda.
- Hecha la ley hecha la trampa: la industria muchas veces desglosa un alimento en varios subproductos o componentes para que tengan menos peso en la fórmula. Por ejemplo, podemos encontrar: harina de maíz, gluten de maíz, maíz... y aunque en primera posición aparezca el pollo, si sumáramos todas las partes del maíz sería el ingrediente mayoritario en la fórmula.
- Si pone carne y subproductos, automáticamente descarta el producto. Esto no es nada específico y dentro de los subproductos (categoría SANDACH, que quiere decir subproductos de origen animal no destinados al consumo humano), igual entra carne, vísceras, piel, pezuñas, espermatozoides... y como la normativa no los obliga a especificar qué utilizan, es imposible saberlo, y es necesario saber qué están comiendo nuestros perros. No es que no haya alimentos catalogados dentro de subproductos que

no sean interesantes a nivel nutricional, pero como no especifican qué usan, mejor descártalo.
- La carne puede aportarse de diversas formas, pero se centran en carne fresca y carne deshidratada. La clave es una mezcla de ambas, ya que la carne fresca al final de todo el proceso disminuye a más de la mitad, y ese porcentaje que te indican no es real. Por ejemplo, te puede poner carne fresca de pollo 40 %, y al final del proceso en realidad queda un 15 % aproximadamente. La carne deshidratada también pierde, pero no tanto. Esto hay que mirarlo en el conjunto, puesto que puede llevar solo carne fresca, pero en muy elevada cantidad, así que al final del proceso quedará un porcentaje interesante, o que al ser no extrusionado utilicen varias carnes frescas que por tratamiento térmico pierden menos.
- Es importante que no tenga una cantidad de hidratos de carbono muy elevada (un 30 % de media), aunque siempre habrá para que el alimento se pueda extrusionar (proceso de fabricación basado en cocer las materias primas a temperaturas, humedad y presión muy elevadas en poco tiempo). Los organismos que marcan los requerimientos mínimos de los diferentes nutrientes para nuestros animales no marcan ningún requerimiento nutricional mínimo de estos, aunque ronda aproximadamente un 20 % de sus necesidades. Te doy una fórmula para que sepas cuántos hidratos de carbono lleva un pienso mirando la tabla nutricional, ya que la normativa de la industria no los obliga a ponerlos.

> **Al número 100 le vamos a restar la suma de:**
> **% PROTEÍNA + % HUMEDAD (si no lo pone es un 10)**
> **+ % GRASA + % CENIZAS + % FIBRA**

Los cereales entran dentro de los hidratos de carbono, no son indispensables para su salud, sobre todo evita cereales como el maíz y el trigo. En caso de que contengan, que sea en pequeña cantidad. Los problemas cardiacos asociados a alimentos «sin grano» vienen realmente por un problema con el metabolismo de la taurina, debido a una mala formulación y, por tanto, un mal aprovechamiento de este aminoácido. Lo que quiere decir que el hecho de ser «sin grano» no hace que un alimento sea apto. Hay que vigilar igualmente que contengan gran contenido cárnico y baja cantidad de hidratos de carbono.

Extras que son un punto interesante para tener en cuenta:

- vegetales y frutas
- glucosamina y condrotina, que son condroprotectores para mejorar la salud articular
- evitar conservantes como BHA y BHT potencialmente causantes de cáncer, los cuales están permitidos en dosis bajas en los alimentos
- evitar colorantes y olores artificiales
- evitar una lista interminable de vitaminas sintéticas, ya que eso quiere decir que ha sido necesaria mucha suplementación para asegurar los requerimientos mínimos, y que la materia prima seguramente no era de gran calidad

Transición entre pienso antiguo y nuevo

Los perros que se alimentan de pienso están acostumbrados a comer siempre lo mismo de forma diaria, por lo que ni su organismo ni su microbiota intestinal suelen estar preparados para cambios bruscos de alimentación. En muchos casos si no se hace una transición del pienso antiguo al nuevo puedes ver que tu perro presente un cuadro digestivo con diarreas y/o vómitos y malestar estomacal debido a este cambio brusco. Esto puedes evitarlo con unos días de transición, y, aunque hay diversos protocolos de actuación en función de si el animal es más o menos sensible, te dejo uno estándar para animales sanos que seguramente te será muy útil cuando lo necesites:

Una recomendación extra (que no obligatoria) es añadir probióticos unos días antes de empezar la transición y también durante, de esta manera los probióticos le ayudarán a que el proceso sea más saludable. Los puedes encontrar en cualquier clínica veterinaria o tienda para animales si buscas una opción de probióticos comerciales. Si quieres optar por un probiótico natural y casero los encontrarás en los capítulos de alimentación cocinada y alimentación BARF, basada en alimentos crudos biológicamente adecuados.

Si, por el contrario, tienes un perro que de normal todo lo que come fuera de su alimentación de base le sienta mal, cuando coge algo de comida «humana» enseguida se pone malo o es de sistema digestivo sensible, te recomiendo que uses un protocolo más conservador. También este protocolo lo recomiendo cuando usas un pienso que lleva menos tratamiento térmico y podríamos decir que es «más natural» (aunque natural no hay ningún pienso, pero para que me entiendas), como pueden ser los piensos prensados en frío. A veces al ser un cambio importante hay animales que no se adaptan bien y si haces una transición más lenta sí suele funcionar.

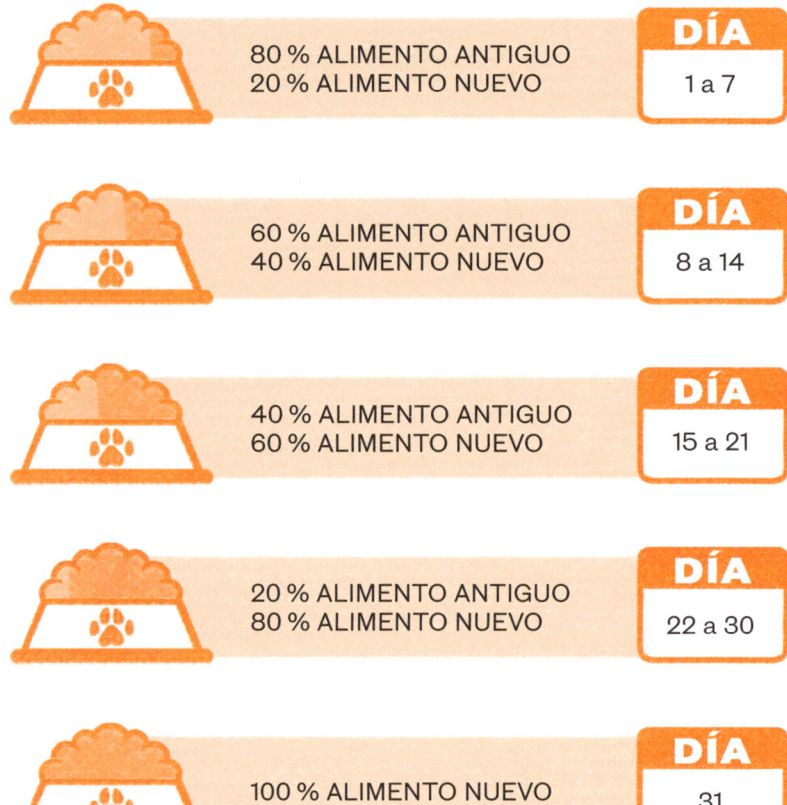

Comida húmeda y otras opciones de comida procesada

¿Es posible alimentar a un perro solo con comida húmeda? Sí, pero tienes que mirar que indique que es completa, ya que hay comida húmeda completa y complementaria.

Si indica que es completa quiere decir que cubre los requerimientos mínimos nutricionales para el perro y que puede alimentarse de ello, al igual que lo hace con el pienso, puesto que cubre los requerimientos nutricionales de la especie. Si por el contrario indica que es complementaria, quiere decir que la puedes usar como aporte de mayor hidratación, como snack húmedo para poner en juguetes, por ejemplo, pero que no podrías alimentar a tu perro únicamente con ese tipo de comida húmeda. Por lo general, las complementarias es fácil que lleven una buena composición al no requerir grandes formulaciones. Pueden ser más difícil de encontrar buenas elecciones, pero las hay.

Tienes que mirar igualmente la composición del producto: ha de predominar el uso de ingredientes de origen animal y ser claros y específicos. Lo bueno de la comida húmeda es que puedes encontrar buenas opciones que no contengan un elevado contenido en hidratos de carbono, debido a que como no hay un proceso de extrusionado no son necesarios en la formulación. Además, la comida húmeda es un recurso muy útil para hacer enriquecimiento con la comida, ayudar a positivar ciertas acciones, etc., como veremos en el apartado de educación.

Conservar el pienso

Se habla poco de cuál es la forma correcta de almacenar el pienso, ya que al ser un contenido con muy poca cantidad de agua, es más difícil (que no imposible) la contaminación por microorganismos patógenos. Los microorganismos para contaminar los alimentos lo que necesitan es agua disponible dentro de estos, por eso la congelación es un buen método de conservación, dado que al congelar el agua, esta no está disponible, y lo mismo pasa cuando son productos con bajo contenido en humedad, como es el pienso.

¿De qué debemos resguardarlo? Del sol, de la humedad, del aire y de insectos y pequeños animales.

¿Cómo podemos guardarlo? Es cierto que los envases grandes son más económicos, pero también tienen un mayor riesgo de ser afectados por alguno de los elementos anteriores, sobre todo por el aire y la humedad, que deterioran el producto y generan enranciamiento y florituras, entre otras cosas. Para conservarlo adecuadamente necesitas:

1. Un contenedor opaco y hermético. Esta medida es básica y la primera barrera de conservación. Conseguirás protegerlo mucho mejor de la posible humedad y contaminación, ya que es poco probable que tenga agujeros (como podría tener el saco de origen).
2. Dividirlo en envases más pequeños. El hecho de no estar abriendo y cerrando un mismo envase durante mucho tiempo facilita que el producto se enrancie menos, dado que entra menos veces el aire y la humedad. Puedes usar táperes o cajas de almacenamiento opacas.
3. Congelar en caso de alergia a los ácaros. Hay perros con alergia a los ácaros del polvo, y sí, el pienso se puede congelar (puedes usar bolsas de congelación o táperes) y está indicado hacerlo para aquellos perros que padecen este problema.

> Los veterinarios somos los únicos profesionales de la salud que recomendamos antes una alimentación basada en comida altamente procesada que una alimentación basada en comida de verdad. ¿Te imaginas a un nutricionista o un médico diciendo que te alimentes con comida precocinada en todas las comidas y días de tu vida?

Capítulo 7

Alimentación natural cruda (BARF)

La alimentación natural cruda o más conocida como dieta BARF (por sus siglas en inglés: Biologically Appropiate Raw Food) o ACBA (Alimentos Crudos Biológicamente Adecuados) consiste en brindar una alimentación lo más ancestral posible teniendo en cuenta que, aunque los perros han sufrido un proceso de domesticación de miles de años, el pienso solo existe desde hace unos ciento cincuenta; considera también que el sistema digestivo del perro no puede hacer esa modificación evolutiva y soportar un cambio tan drástico de modelo de alimentación. A pesar de que los perros llevan muchos años con nosotros, hay que tener en cuenta que no han perdido sus hábitos carnívoros carroñeros, sino que simplemente han incorporado otros alimentos procedentes de los desechos que el humano genera cuando no han tenido acceso a cazar o a alimentarse de carroña de animales muertos. Por tanto, la alimentación BARF pretende brindar alimentos crudos como los que consumirían ellos si los dejáramos, pero mejorando algunos aspectos para ofrecer una dieta más equilibrada y con mayor control sobre los microorganismos patógenos que puedan existir en alimentos crudos (se utilizan alimentos aptos para consumo humano y previa congelación siempre).

Pros y contras de la alimentación cruda BARF

Pros

- **Alimentación con comida de verdad,** por lo que tenemos que suplementar menos al perro de forma artificial y que obtenga los nutrientes de los propios alimentos.
- **Mayor control de los alimentos que le brindamos,** ya que en muchos casos se hace en casa o las etiquetas de la composición son claras y sencillas de entender.
- **Mayor energía y vitalidad.**[1] La mayoría de los alimentos ultraprocesados (pienso) llevan una cantidad muy elevada de hidratos de carbono para abaratar costes. Esto provoca en el perro un aumento de la glucosa en sangre, dificultando la concentración y la atención, y a la larga ocasiona perros más apáticos. Una alimentación BARF no es que proporcione más energía, sino que recuperamos la energía real que tendría tu perro con una nutrición apropiada. ¿Verdad que si tú no comes de manera adecuada repercute en tu vitalidad y energía?
- **Heces más pequeñas y con menos olor** debido a un mayor aprovechamiento de los alimentos y nutrientes. Aunque parezca un beneficio menos significativo, tiene dos puntos importantes: el primero para ti, puesto que somos los encargados de recoger las heces del perro en la calle, así que se agradece recoger heces más pequeñas y que huelan menos. El segundo punto está relacionado con la digestibilidad. La alimentación BARF es altamente digestiva, es decir, que se aprovecha en gran cantidad todo lo ingerido, y de ahí que las heces se vuelvan más pequeñas, debido a que el organismo ha aprovechado gran cantidad de la comida que ha ingerido.
- **La proteína animal de calidad** como la que se puede encontrar en una alimentación cruda bien formulada es altamente digestible para nuestro perro.

- **Mejoras evidentes en pelaje y en animales con problemas dérmicos.** Los problemas de piel son habituales en nuestros perros, bien sea por reacciones adversas u otros problemas. Es obvio que una alimentación altamente procesada como el pienso, con gran cantidad de aditivos en muchos casos y un alto grado de procesamiento, hace que el organismo del perro reaccione de manera adversa a algunos de estos componentes. La inclusión de solo un 20 % de alimentación cruda (BARF) dentro de su alimentación disminuye los problemas dérmicos y la piel atópica. Además, en madres alimentadas con comida BARF se ha visto disminuir la prevalencia de estos problemas en su descendencia gracias a la nutrigenómica. Si solo con un 20 % mejoramos estos problemas, quizá un 100 % ayudaría tremendamente a muchos animales con problemas de piel.[2]
- **Menos sarro y mal aliento.** El pienso y, sobre todo, los hidratos de carbono caramelizados en él hacen que se forme sarro en los dientes. En función del tamaño de la croqueta y del uso de masticables, esto se puede ir manteniendo, porque sin duda el trabajo de masticación (limpieza dental) junto a un alimento bajo en hidratos de carbono altamente procesado hace que se acumule menos sarro. Cuando se da una alimentación BARF entera (sin picar), hay un trabajo de masticación.
- **Microbiota intestinal más saludable y fuerte.** La microbiota intestinal, como ya he comentado, es el conjunto de microorganismos (entre ellos bacterias) presentes en el intestino encargados de, entre otras cosas, el aprovechamiento de los nutrientes y de hacer frente a bacterias y microorganismos patógenos. También está relacionada con muchas patologías y la salud en general de tu perro. La composición de la dieta influye en esta microbiota[3] y productos finales de la fermentación. Una BARF promueve un crecimiento más equilibrado de las comunidades bacterianas y un cambio positivo en las lecturas de las funciones intestinales sanas en comparación con un pienso

extrusionado,[4] lo que quiere decir un intestino más sano, mejores digestiones y mayor aprovechamiento de los nutrientes.

- **Mejora de la condición corporal y mayor masa muscular.** No hay mayor evidencia científica que esta. Para que un animal se encuentre en un peso correcto es necesario un balance energético neutro en el organismo. Si el organismo ingiere más de lo que gasta estará en balance energético positivo y repercutirá en un aumento de peso; si, por el contrario, ingiere menos de lo que gasta, se encontrará en un balance energético negativo y repercutirá en una disminución de peso. Por tanto, es importante tanto el alimento ingerido como la actividad física. La alimentación rica en proteínas[5] de calidad (como la BARF) ha demostrado mejoras en la reducción y control de peso y, obviamente, mayor masa muscular. El uso de ciertos ácidos omega 3 también ayuda en la disminución de la obesidad.[6] Esto en conjunto provoca la disminución de los depósitos de grasa. Además, al retirar gran cantidad de los hidratos de carbono altamente procesados, el organismo alcanza con mayor eficiencia el balance energético neutro.

- **Menos cantidad de AGE en el organismo.** Los AGE (productos finales de la glicación avanzada) son compuestos que consisten en restos de azúcar y proteínas, y se originan a partir de intermedios del metabolismo de la glucosa o de la dieta. Los alimentos altamente procesados como el pienso, al tratarse con altas temperaturas, desencadenan un reacción de glicación no enzimática conocida como «Maillard» que conduce a la formación de AGE en la dieta y se ha visto que animales alimentados con dietas crudas ingieren y excretan menos AGE.[7] Estos AGE se han asociado con mecanismos de desarrollo de algunas patologías, como nefropatías asociadas a diabetes mellitus,[8] enfermedad macrovascular,[9] enfermedad de Alzheimer,[10] entre otras, por lo que la recomendación es controlar la ingestión de la cantidad de AGE en la dieta.

Contras

- **Mayor riesgo de contaminación con microorganismos.** Al manipular alimentos crudos, es necesario que tengas buenas prácticas tanto de higiene en la manipulación, como conocimientos sobre la forma de conservación de los alimentos. No necesitas un obrador, ya que manipulas alimentos crudos en tu cocina a diario, pero sí debes limpiar y desinfectar bien las superficies y utensilios usados, congelar los alimentos crudos, y no mezclar alimentos crudos y cocinados para su conservación.
- **Hay que invertir más tiempo en prepararlo.** Hoy en día existen marcas de alimentación BARF comercial de buena calidad, que ahorrarán invertir este tiempo en la compra y preparación, pero debes tener en cuenta que te saldrá más caro que si la preparas tú. Es una elección personal en función de tu economía y tiempo.
- **Riesgo de desequilibrios nutricionales si no se realiza correctamente.** Como cualquier tipo de alimentación o dieta, si no está correctamente equilibrada puede provocar desequilibrios nutricionales. En animales adultos estos suelen ser más notorios a medio o largo plazo. En cachorros o perros con patologías pueden ser evidentes a corto plazo, por eso es importante que al escoger la alimentación lo hagas asesorado para no crearle problemas a tu perro.
- **Puede ser más costosa** si no dispones de espacio en el congelador para almacenar cierta cantidad que te permita aprovechar ofertas, o si no te mueves para buscar en carnicerías y otras tiendas los mejores precios.

Cómo hacer una correcta alimentación BARF

Como este tema da para otro libro, en este capítulo te haré solo una introducción general de en qué consiste y cómo se lleva a cabo la alimentación BARF. Si es de tu interés puedes buscar asesoramiento o ampliar la información posteriormente.

Seguir una alimentación BARF no es complejo, pero sí requiere de una serie de normas y conceptos para hacerlo correctamente. Sin duda, es una opción genial para tu perro si se hace bien, y así lo veo en redes sociales y con mis pacientes caninos que cambian a esta alimentación. Sin embargo, si no vas a poder hacerla correctamente, te recomiendo seguir usando otro tipo de alimentación que te asegure que cubrirás correctamente sus requerimientos nutricionales, aunque no sea tan saludable.

Qué incluye un plato de BARF

La alimentación BARF es una alimentación variada, fresca y cruda. Dentro de esta variedad hay cuatro elementos clave (y aquí estamos hablando siempre de animales sanos, ya que en animales enfermos pueden surgir variaciones) que conformarían su plato de comida:

1. los huesos carnosos
2. la carne y el pescado
3. los vegetales
4. las vísceras

Huesos carnosos (HC)

Los huesos carnosos son necesarios en la dieta cruda de un perro, ya que son la fuente principal de calcio (también aportan fósforo), otros minerales, proteínas, grasas y vitaminas. Satisface una necesidad innata del perro, que es la masticación (recuerda que los perros no mastican la comida como nosotros, la mastican lo justo para adaptar el tamaño al paso por el esófago). Los huesos deben ser crudos y bien recubiertos de carne (aproximadamente un 50 % carne - 50 % hueso). El hecho de que estén crudos nos garantiza que el hueso no ha perdido su flexibilidad natural (que sí pierde al administrarle calor) y la carne que lo recubre nos asegura un correcto paso por el esófago sin problemas.

¿Y no causan obstrucciones? Los huesos que causan obstrucciones o perforaciones son en la gran mayoría HUESOS COCINADOS. Nunca debes dar a tu perro huesos cocinados (da igual si llevan carne o no). Otro de los posibles problemas está provocado por no haber hecho una transición adecuada: el sistema digestivo no es capaz de digerirlos correctamente. Otro motivo de posibles dificultades es querer ir demasiado deprisa y dar HC «nivel experto» (huesos carnosos demasiado grandes/duros no aptos para todos, como verás en la ilustración, no podemos dar una carcasa de pavo a un perro que pesa 5 kg y cuya boca no tiene la fuerza suficiente). A partir de aquí y siguiendo las pautas de transición y aprendizaje, no conlleva mayor riesgo que otras acciones del día a día (he recibido por redes más de un mensaje de perros atragantados con pienso, aunque te parezca mentira).

Recuerda que el riesgo 0 NO EXISTE, ni con este tipo de alimentación, ni con el pienso.

Para que sepas cuáles son los huesos mejores o peores para empezar, te pongo aquí unas imágenes de los diferentes niveles:

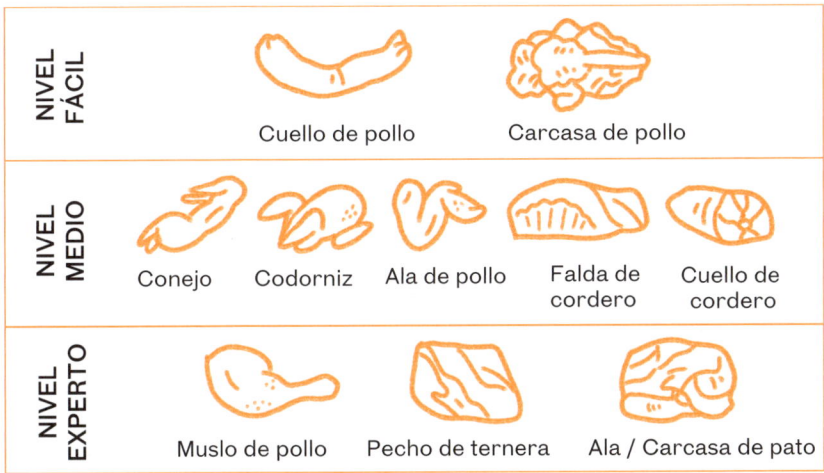

Errores y detalles que debes tener en cuenta sobre los HC:

- Si utilizas carcasas de pollo para empezar, es importante que estas estén bien recubiertas de carne. Lo mejor es que compres el pollo entero y separes las partes para asegurarte de que no están muy peladas.

- Al principio se les puede sujetar la pieza con la mano (ojo con los dedos) para ayudarlos a que mastiquen un poco.
- Cuanto más grande sea la especie de consumo, más duro será el hueso. Por ejemplo, yo no recomiendo muslos de pavo, puesto que es un ave pesada y los huesos son demasiado duros; por tanto, no me parecen seguros. Con el pato pasa lo mismo con algunas partes, como las alas.
- Elige un tamaño de hueso carnoso que le «obligue» a masticar un poco, es decir, no le des a un mastín una alita de pollo, porque se la tragará entera sin masticar.

¿Por qué es importante hacer la transición como se explica más adelante?

- El pH estomacal de un perro alimentado con pienso no tiene su pH ácido original, y pretendemos conseguir que lo recupere.
- Le damos tiempo tanto al perro como a su organismo para que se adapte a la nueva alimentación.
- Nos permite evaluar cómo le están sentando los huesos y los otros alimentos.
- Si tienes un perro sénior o con pocos dientes, no obligatoriamente tiene que consumirlos triturados, pero es muy probable que con el tiempo lo tengas que hacer.
- Si no te sientes seguro, puedes empezar dándole huesos carnosos triturados. Lo ideal es dárselos enteros (para satisfacer las necesidades anteriormente comentadas y la higiene dental), pero lo importante es que te sientas cómodo. Puedes comprar una picadora que tenga al menos 1.900 W para picar huesos carnosos sencillos (codorniz, conejo, pollo...). Si no, siempre puedes comprarlos ya picados en webs de alimentación natural.
- Si por algún motivo no le sientan bien, hay suplementos en el mercado para suplir los nutrientes del HC en su alimentación (harina de huesos, por ejemplo). Ten en cuenta que los porcentajes del resto de los alimentos se verán modifi-

cados, así que te recomiendo que contactes con un profesional si tienes dudas.
- Los conejos (sobre todo) y codornices muchas veces son utilizados como «presa entera» (HC + carne), es decir, solo habría que añadir la parte correspondiente de vísceras (si no las lleva) y vegetales que nos tocaría. Hay que tener en cuenta que hay animales que se estriñen si se utilizan como HC + carne, por eso en la mayoría de los perros se acaba utilizando la presa entera o parte de alguno de estos animales como la parte solo de HC simplemente.

Carnes

Como carnívoro facultativo el perro obtiene nutrientes de fuentes de origen animal y de los huesos carnosos (que serían la base), en ese caso un 30 % aproximadamente del plato será de carne propiamente dicha. Es importante que a esta carne no le retires la grasa, pues es su principal fuente de energía. Retirar la grasa es uno de los fallos más comunes.

BLANCAS	Pollo	Pavo	Conejo	Mollejas
BLANCAS/ ROJAS SEGÚN EDAD		Cerdo	Cordero	
ROJAS	Ternera	Caballo	Avestruz	Pato	Buey
ESPECIALES*		Tripa verde	Corazón	Lengua	

* Se consideran «carne», aunque en realidad no lo sean.

Todas las recomendaciones que te doy son para perros sanos y sin patologías (en realidad, esta es la premisa que observo en todo el libro). Priorizaremos el consumo de carnes blancas, introduciendo una vez a la semana o de forma rotacional la carne roja.

Vegetales

Como el perro es un carnívoro facultativo, podemos (y bajo mi punto de vista debemos) incluir una ración de vegetales en su alimentación. Le aportarán fibra, vitaminas, antioxidantes, y una parte de energía procedente de los hidratos de carbono, y minerales, entre otras cosas.

Los alimentos ricos en antioxidantes ayudan a combatir los radicales libres, que son responsables del envejecimiento prematuro, alteraciones del ADN, enfermedades cardiovasculares…

Para asegurar una correcta variedad, utiliza verduras y frutas de temporada (evita las que estén prohibidas para tu perro).

Es más importante dar más vegetales que frutas. Por ejemplo, si le damos un 15 %, le daremos un 10-12 % de vegetales y un 3-5 % de frutas.

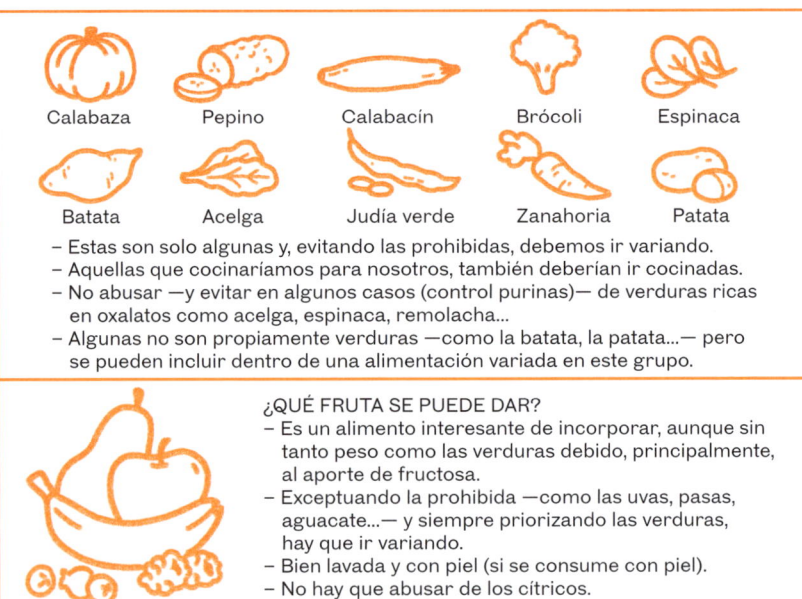

Calabaza Pepino Calabacín Brócoli Espinaca
Batata Acelga Judía verde Zanahoria Patata

– Estas son solo algunas y, evitando las prohibidas, debemos ir variando.
– Aquellas que cocinaríamos para nosotros, también deberían ir cocinadas.
– No abusar —y evitar en algunos casos (control purinas)— de verduras ricas en oxalatos como acelga, espinaca, remolacha…
– Algunas no son propiamente verduras —como la batata, la patata…— pero se pueden incluir dentro de una alimentación variada en este grupo.

¿QUÉ FRUTA SE PUEDE DAR?
– Es un alimento interesante de incorporar, aunque sin tanto peso como las verduras debido, principalmente, al aporte de fructosa.
– Exceptuando la prohibida —como las uvas, pasas, aguacate…— y siempre priorizando las verduras, hay que ir variando.
– Bien lavada y con piel (si se consume con piel).
– No hay que abusar de los cítricos.

La manera en que les ofrecemos las verduras y las frutas contribuye a facilitar la digestión y el aprovechamiento. Piensa que la mayoría de los vegetales ingeridos por un cánido en estado salvaje no son consumidos directamente, sino que los encontrará entre restos de comida. Para replicar esta predigestión cuando los preparamos nosotros en casa, podemos rallarlos, hacer puré o cocerlos al vapor.

Vísceras

Aunque en pequeño porcentaje, las vísceras son muy necesarias como aporte vitamínico y de oligoelementos en la alimentación BARF.

El porcentaje de vísceras se divide en dos: un 5 % de hígado (cambiando la especie) y un 5 % de otra víscera (que vamos rotando).

A veces por la textura o el sabor es una parte de la alimentación que les cuesta a algunos perros. Te doy algunos trucos:

- Dáselas cocinadas y poco a poco ve reduciendo la cocción hasta el crudo o semicrudo.
- Mézclalas y tritúralas con las verduras.
- Utiliza un poco de caldo de huesos para cambiar el sabor.

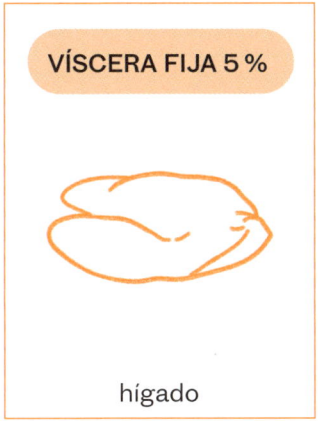

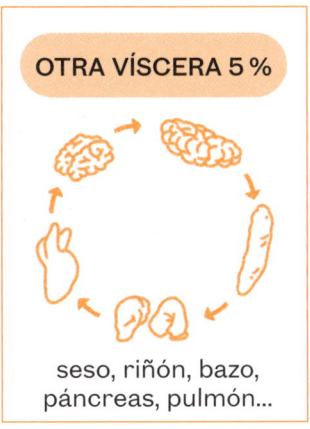

Qué pasa con el pescado

El pescado es una fuente de proteína dentro de la alimentación, aunque en casos generales no debería sustituir a la carne. El pescado blanco se usa en muchos casos para perros más sensibles de estómago (sobre todo en transición); no obstante, los que más nos interesan dentro de la alimentación BARF son los pescados azules, principalmente por dos motivos interesantes:

- Aporte de ácidos grasos omega 3 en la dieta. El omega 3 es un ácido graso antiinflamatorio y es necesario para compensar el omega 6 (proinflamatorio) presente en las carnes.
- Aporte de vitamina D, ya que los perros como carnívoros necesitan el aporte de vitamina D a través de la alimentación y algunos pescados son una buena fuente de esta.

Es preferible escoger pescados azules pequeños, ya que acumulan menos metales pesados que los grandes. En caso de utilizar salmón, es mejor que sea salvaje que de piscifactoría.

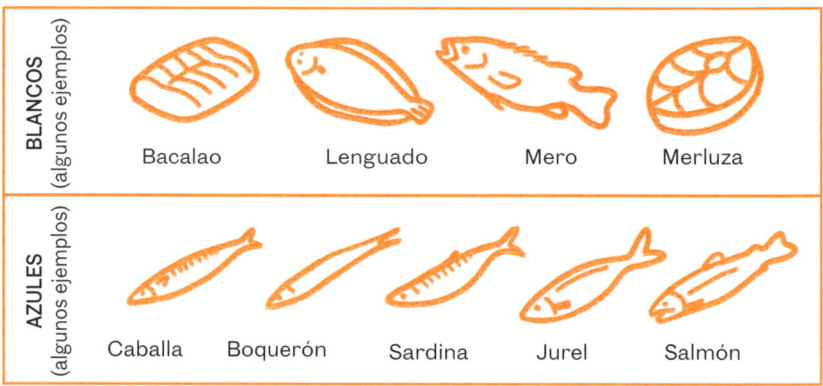

En cuanto a la cantidad, lo ideal sería 1 o 2 veces a la semana. Podemos optar por dar una ración única de pescado (HC + CARNE) y añadir las vísceras y los vegetales. Yo no suelo limpiar el pescado, simplemente lo congelo, pero a muchos perros las vísceras del pescado les sueltan la tripa. Y no olvidemos que en caso de contaminación por anisakis (es necesario congelar el pescado a

-18 °C una semana si va a consumirse crudo), en las vísceras es donde hay mayor parasitación.

Cantidad de ración

Sabiendo la cantidad total de comida que debe ingerir nuestro perro, podremos calcular luego la cantidad de cada alimento que llevará su plato. Hay fórmulas más precisas y complejas utilizadas en nutrición animal para calcular los requerimientos energéticos de un animal en función de varios parámetros, pero como se trata de hacerlo fácil y sencillo, vamos a recurrir a porcentajes según el peso.

Cantidad diaria de ración para cachorros

EDAD DEL PERRO	CANTIDAD DE RACIÓN
Destete hasta los 2 meses	10 % del peso
De 3 a 4 meses	8 % del peso
De 5 a 6 meses	6 % del peso
De 7 a 8 meses	4 % del peso
De 9 a 10 meses	3 % del peso
De 11 a 12 meses	2 % del peso

En el caso de los cachorros, es necesario recalcular la ración en función del peso y de la edad, ya que están en crecimiento (tendrás que pesarlo cada algunos días), debido a que sus requerimientos cambian conforme van creciendo. Veamos un ejemplo:

> **EJEMPLO:**
> Cachorro cruce de amstaff de 5 meses peso 15 kg:
> 15 kg × 0,06 (es el 6 %) = 0,9
> 0,9 × 1.000 (para pasarlo de kilos a gramos) = 900 g
>
> Este animal deberá comer ahora mismo 900 g al día de comida total.

Alimentación natural cruda (BARF)

Son porcentajes orientativos y cada animal presenta sus individualidades. Podemos aumentar o reducir un poco en función de si el cachorro adelgaza o engorda demasiado (recuerda evaluar la condición corporal). Además, hay que tener en cuenta de qué raza o cruce es nuestro perro, puesto que razas grandes y pequeñas acaban su crecimiento en diferentes momentos.

Cantidad diaria de ración para perros adultos

Al igual que en cachorros, usaremos los métodos de porcentajes. Recuerda que son orientativos o de partida y, al igual que con los cachorros, hay que adaptarse a cada perro e ir incrementando o reduciendo hasta que des con el porcentaje en el que ni engorda ni adelgaza (para esto te ayuda la tabla sobre la condición corporal). Esto no quiere decir que, por ejemplo, un perro mini no pueda comer un 2 %, pero como norma general suele consumir más proporción de alimento, ya que tienen menos peso, pero más superficie corporal respecto a este que perros más grandes.

Si necesitamos incrementar o reducir el porcentaje, no es necesario que saltemos del 2 al 2,5 o al 3, hay muchos decimales entre medio para ir probando, así que si con un 2 % está por debajo de una condición corporal de 3 (ver tabla más adelante), pues probemos a subir al 2,2 y vamos viendo si funciona o es necesario subir más.

¿Y cómo unimos toda esta información? Primero hemos calculado la cantidad total de la ración, ahora que hay que calcular el porcentaje de cada una de las partes que constituyen un plato. En la alimentación cruda diversos autores (algunos incluso antes de que apareciera el pienso en el mercado) defienden posturas distintas y cada maestrillo tiene su librillo. Algunos defienden la incorporación de cereales, otros son partidarios de no incorporarlos... pero lo que cambia entre autores es la cantidad de HC (hueso carnoso). Los porcentajes más utilizados en España son los que ha defendido del doctor Ian Billinghurst (entre otros), donde el HC es el pilar del plato y la alimentación.

EDAD DEL PERRO	CANTIDAD POR RACIÓN
Perros séniores Perros castrados Con actividad baja	2 % del peso
Con actividad media	2,5 % del peso
Con actividad alta Perros nerviosos	3 % del peso
Perros mini Galgos Perros de deporte	3-4 % del peso

EJEMPLO:
Perro adulto de 15 kg con una actividad media:
15 kg × 0,025 (es el 2,5 %) = 0,375
0,375 × 1.000 (para pasarlo de kilos a gramos)
= 375 g

Este animal debería comer al día
375 gramos de comida.

A partir de mi experiencia, después de haber comprobado que rebajar un poco el porcentaje me ha funcionado con la mayoría de los perros, te explicaré concretamente con qué porcentaje trabajo yo. Antes de entrar en materia, déjame decirte que los porcentajes de alimentos tampoco son cerrados, así que puedes incrementar o reducir (lo que suele hacer falta retocar a veces es el HC) algunos de ellos, hasta que des con el que le va bien a tu perro. Y te recuerdo una práctica muy importante: lo indicado es que pidas asesoramiento personalizado a un profesional.

Alimentación natural cruda (BARF)

Transición a la alimentación BARF

Hay varias formas de hacer la transición del pienso a la alimentación BARF, con sus pros y contras cada una; por eso quiero recomendarte directamente la que bajo mi punto de vista ofrece más pros y suele funcionar bien en la mayoría de los perros. Se trata de la transición con dieta blanda. ¿Por qué me parece la mejor opción?

- Permite que el organismo se vaya acostumbrando progresivamente al cambio de alimentación.
- Ayudamos a que el pH del estómago recupere su acidez original.
- La microbiota va desarrollándose y adaptándose a los nuevos alimentos.
- Se introducen los alimentos nuevos uno a uno, lo que nos permite una evaluación de la digestibilidad y observar qué tal le sientan al perro los nuevos alimentos.

La dieta blanda consiste en una proteína, que suele ser pollo o pavo, ya que son de fácil asimilación, y un vegetal, que suele ser calabaza, por su apoyo a la función intestinal, o zanahoria. La dieta blanda te será de ayuda cuando tenga un día malo con la barriga y debamos facilitarle la digestión, así que recuérdala.

Partimos de la base de que ya se han calculado los gramos de ración diaria:

Día 1 a 4
75 % carne pollo*
25 % calabaza*
*Cocido

Día 5 a 7
75 % carne pollo
25 % calabaza*
*Cocido

Día 8 a 11
50 % carne pollo
25 % calabaza*
25 % HC
*Cocido

Día 12 a 15
45 % carne pollo
25 % calabaza*
25 % HC
5 % hígado
*Cocido

Día 16 a 19
30 % carne pollo
20 % calabaza*
45 % HC
5 % hígado
*Cocido

Día 20 a 24
30 % carne pollo
15 % calabaza*
45 % HC
10 % vísceras
*Cocido

El cuarteto vital en BARF

1. Individualizar

Cada animal es un mundo, así que las recomendaciones generales y para perros sanos citadas en la guía puede que no se adapten a tu perro. Debes ir investigando aquellos porcentajes y alimentos que le sienten bien y se adaptan a tu caso. Y si lo necesitas, pide ayuda a un profesional.

2. Congelación

La carne y el pescado deben comprarse en sitios aptos para consumo humano, aun así, es muy importante congelarlos SIEMPRE. La congelación destruye posibles parásitos, aunque depende de la temperatura y el tiempo de congelación. No quiero pecar de excesivo, pero lo ideal sería 3 semanas a −18 o −20 °C.

La congelación no destruye las bacterias, pero es bacteriostática; esto quiere decir que es capaz de ralentizar su crecimiento y en muchas ocasiones detenerlo. En el caso de que haya una pequeña población bacteriana, sumado a las defensas propias del perro (pH estomacal ácido que destruye la mayoría de las bacterias, e intestino corto para expulsar rápidamente los alimentos), no supone ningún problema en perros sanos.

No rompas la cadena de frío cuando compres alimentos y prepara las raciones para congelar lo antes posible (no lo dejes en la nevera días). Descongela en la nevera con anterioridad (con 24 horas antes suele ser suficiente) y sirve a temperatura ambiente.

3. Higiene y limpieza

Es importante tener una buena higiene con la preparación de los alimentos y con los comederos y bebederos del perro. Limpia y desinfecta los utensilios utilizados cuando hayas preparado la comida y no te olvides de lavar su comedero cada vez que coma. Te recomiendo que tengas una tabla y utensilios de corte que solo utilices para preparar su comida.

4. Grupos de riesgo

Personas inmunodeprimidas, bebés, embarazadas y personas mayores son grupos de riesgo, por lo que hay que tomar precauciones extras como uso de guantes al manipular alimentos crudos. En algunos casos puede ser aconsejable una dieta ligeramente cocinada para el animal, sobre todo en personas inmunodeprimidas, las cuales por sus enfermedades son más vulnerables al contacto con microorganismos en comparación con una persona normal, y: no en vano manipulamos alimentos crudos, que, aunque puedan contener una pequeña parte de microorganismos irrelevantes para el organismo de un carnívoro facultativo como el perro, pueden suponer una amenaza para estas personas.

Pros y contras: BARF comercial vs. casera

Hoy en día existen marcas de BARF comercial que te ofrecen los menús hechos: algunas te venden las partes por separado para que confecciones tú los platos en casa.

En la tabla comparativa que hay a continuación te indico las diferencias que existen entre ambas opciones para que tomes una decisión. Yo recomiendo empezar por una marca comercial para hacer este cambio de alimentación, así tienes menos cosas de las que preocuparte y, más adelante, hacerla tú en casa.

BARF CASERO	BARF COMERCIAL
mayor control de la materia prima	menor control de la materia prima
mayor capacidad de alteración	menor capacidad de alteración
congelación	ultracongelación normalmente
son necesarios unos conocimientos mínimos	no son necesarios unos conocimientos mínimos
se necesita más tiempo	se necesita menos tiempo
más económico	más caro
hay que tener más control del equilibrio	todo «equilibrado»

Material necesario para BARF

El material que necesitas para hacer alimentación BARF en tu casa es bastante sencillo y poco costoso, y también te servirá para la alimentación cocinada.

- **Cuchillos afilados:** te facilitarán mucho la labor de cortar los alimentos para hacer las bolsas o recipientes con la cantidad que necesite tu animal.
- **Tabla para cortar:** te recomiendo que sea de plástico, ya que son menos porosas y más fáciles de limpiar que las de madera, aunque lo más importante es que siempre la limpies bien después de cada uso.
- **Cucharas medidoras:** te vendrán bien si usas los pocos suplementos que se necesitan en formato polvo para poder ajustar de manera rápida lo necesario.
- **Báscula:** una báscula para preparar la cantidad que quieras (para un día, para dos...). También puedes cambiar las cucharas medidoras por una báscula digital de micropesaje si te resulta más cómodo. Con el tiempo, cuando tengas las medidas por la mano, ya no necesitarás la báscula.
- **Recipientes:** si tienes espacio en el congelador te recomiendo táperes, ya que son más fáciles de limpiar y reutilizar que las bolsas de congelación, por ejemplo.
- **Trituradora (opcional):** te irá bien en el caso de que quieras hacer los menús triturados que hemos comentado en el apartado de huesos carnosos.

Complementos y suplementos necesarios

Aparte de la rotación de los alimentos, que es muy importante, necesitarás complementar la dieta BARF con huevos, algas, omega 3 y probióticos (opcional). En el capítulo 9 te indico las cantidades que necesitarás de cada cosa.

Recursos sobre alimentación cruda BARF

A continuación, te dejo algunos recursos de webs y libros donde puedes encontrar más información sobre la alimentación cruda:

- Instagram sobre alimentación BARF: @nutricionanimaloide
- Mi Instagram @adrianconde.vet y mi canal de YouTube: Adrián Conde VET
- Formación y asesoramiento en www.mundoanimaloide.com
- Libro del doctor Conor Brady: *Alimentación en perros. ¿Procesada o cruda? La ciencia detrás del debate*
- Libro del doctor Ian Billighurst: *La dieta BARF. Alimentación cruda para perros y gatos usando los principios evolutivos*
- Web de las Raw Feeding Veterinary Society (Sociedad de Veterinarios Proalimentación Cruda) donde encontrarás posicionamientos e información en general https://rfvs.info
- Web del doctor Conor Brady https://dogsfirst.ie
- Web de Susan Thixton https://truthaboutpetfood.com/author/foslw3pspow/
- Blog de la doctora Karen Becker https://mascotas.mercola.com/sitios/mascotas/dra-karen-becker.aspx
- Documental Pet Fooled

Capítulo 8

Alimentación natural cocinada

Dentro de la alimentación natural, tenemos también la opción de la dieta cocinada. Esta es más popular y seguramente habrás visto alguna vez preparar el típico puchero para el perro, con arroz, zanahoria, huesos cocinados (nunca se deben dar) y, con suerte, algo de proteína cárnica, como pollo o salchichas. Aunque la intención de este «puchero» es buena —dar comida de verdad al perro—, en la práctica puede tener carencias nutricionales y derivar en problemas de salud. Así que la finalidad de este capítulo es brindarte la información para prepararla de una manera correcta, si has elegido esta opción como modelo de alimentación para tu perro.

En comparación, la dieta BARF es algo más laboriosa, no solo por el hecho de tener que cocinar los alimentos, lo cual implica una mayor inversión de tiempo, sino también porque al aplicar un tratamiento térmico está sujeta a perder algunas vitaminas y micronutrientes que será necesario compensar para equilibrar la ración. La alimentación cocinada es una de las que suelo recomendar que supervise un profesional, por mucho que tu perro esté sano.

Pros y contras de la alimentación cocinada

Pros

La alimentación cocinada tiene todos los beneficios de base ya comentados para la dieta BARF, así que aquí te añado solo aquellos que se diferencian con respecto a otros modelos de alimentación natural.

- **Mayor percepción de seguridad alimentaria** contra microorganismos por parte del tutor, ya que al aplicar un tratamiento térmico destruimos la mayor parte de microorganismos que puedan existir de base. Es importante tener en cuenta que sin una correcta refrigeración y almacenamiento posterior seguirá siendo susceptible de contaminarse (como tu comida, vamos).
- **Puede ser más apetitosa** que la comida cruda para algunos perros, y esto se debe a que al cocinar las grasas aumentan su palatabilidad y esto, junto a la variedad de los ingredientes, puede suponer un gran beneficio, sobre todo en los perros malos comedores.
- **Más aconsejada en algunas patologías,** como ciertos casos de diarreas crónicas; animales que están con quimioterapia por cáncer; perros séniores; perros que estén inmunodeprimidos o con tratamientos inmunosupresores que afectan a su sistema inmunitario y les impiden hacer frente a las bacterias que se encontrarían en caso de no cocinar la comida; después de cirugías, sobre todo del sistema digestivo; megacolon; problemas de páncreas, etc. Ante cualquier patología pide asesoramiento a un profesional para que te guíe.
- **Menos angustia para los tutores.** Hay tutores que lo pasan realmente mal y les da angustia manipular alimentos crudos o ver cómo su perro come alimentos crudos, por lo que la comida cocinada, al asemejarse más a la nuestra, tiene una mayor aceptación.

Contras

Al igual que con las ventajas, las desventajas también son las mismas que en la dieta BARF, matizando que el riesgo de contaminación por microorganismos disminuye al haber un tratamiento térmico, así que vamos a ver solo las diferencias:

- Al no contener huesos carnosos (aunque existe la opción de usarlos como fuente de calcio también en cocinada si se dieran triturados), falta su principal fuente de calcio, que deberá ser suplementada.
- Si cocinamos mucho la carne podemos provocar desnaturalización de las proteínas, por lo que lo ideal sería no cocinarla excesivamente.
- Es más costosa. En la alimentación BARF usamos los huesos carnosos, que son más baratos. En esta opción, aunque se usa algo más de hidratos de carbono, acabarás poniéndole más carne muscular y puedes notarlo en el bolsillo.
- Además del calcio suele ser necesario suplementar algunos otros micronutrientes perdidos por el calor, aunque esto siempre hay que valorarlo de forma individual.

Cómo hacer correctamente una dieta de alimentación cocinada

Al igual que con el capítulo de la alimentación BARF, esto es únicamente un recurso de base para que tengas unas nociones y alimentes a tu perro como se merece. Recuerda que siempre estamos hablando de animales sanos y sin condiciones especiales y que, aun así, siempre es recomendable que te guíe un profesional.

En la alimentación cocinada existe la opción de utilizar huesos carnosos triturados como fuente de calcio, usar o no usar vísceras, pero no son la que vamos a explicar en el libro, ya que pretendo explicarte la que supone un todo cocinado y hacerlo de modo fácil.

Al igual que con la alimentación BARF también hay variaciones en cuanto a los porcentajes de alimentos según los autores, así que aquí te indico lo que a mí me ha funcionado en la mayoría de los animales; eso sí, siempre se puede modificar.

En el caso de la dieta cocinada, los alimentos se pesarán previamente en crudo.

Qué contiene una ración de comida cocinada

La alimentación cocinada es variada y fresca. Dentro de esta variedad siempre encontraremos cuatro elementos clave que conformarían su plato de comida:

1. carnes
2. pescados
3. vísceras
4. vegetales y carbohidratos

Carnes

Recuerda que estamos hablando de un carnívoro, por lo que la carne será la parte mayoritaria de su alimentación; así está diseñado su organismo y solo así podemos brindarle un máximo nivel de salud acorde a sus necesidades como especie. La carne supondrá entre un 50 y 65 % de la ración total. Puedes darle carne picada, pero, cuidado, ya que mucha carne picada también lleva otras cosas, así que lo ideal es que como mínimo lleve en su composición un 90 % de la carne de la proteína escogida. Si le das partes con hueso o piezas enteras, como el pollo, por ejemplo, te saldrá más económico. Además, las partes de las piernas, aunque le quitemos el exceso de grasa, siempre son más jugosas y aportan un mayor contenido nutricional que partes más magras. Lo mejor es que vayas variando y mezclando las distintas opciones.

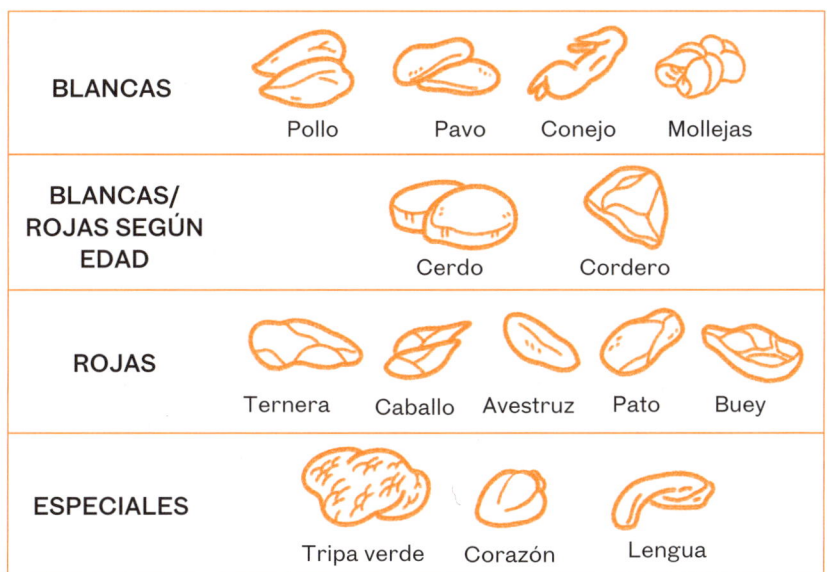

Pescados

Priorizaremos los pescados azules y pequeños en comparación con los pescados blancos. Pero si estás suplementando con omega 3, puedes servirle pescados blancos; suelen ser más económicos y así le das más variedad. Hay que retirar las espinas, ya que al estar cocinadas pueden causar daño. Además, ya estaremos suplementando el calcio, como te explicaré más adelante. La frecuencia semanal aproximada es igual que en la alimentación BARF: darle pescado 1 o 2 veces por semana es correcto. Hay personas

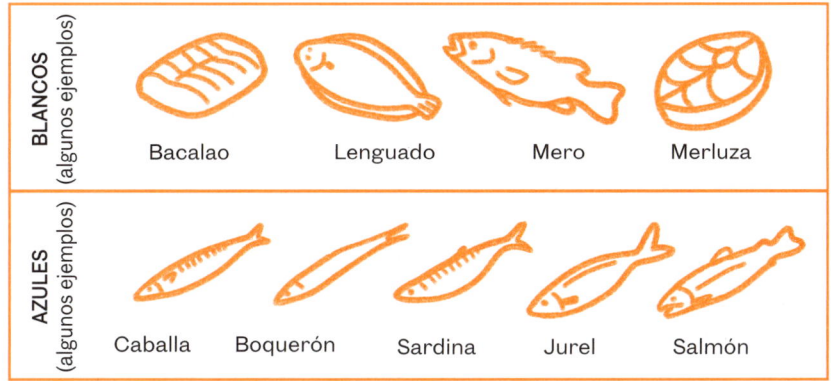

que le añaden un poco cada día, si a su perro no le gusta mucho el pescado, porque mezclado con otras cosas, lo come.

Vísceras

Las vísceras suponen un gran aporte de vitaminas y micronutrientes muy necesarios para la salud de tu perro. En caso de que no las pueda consumir por algún motivo médico o de gusto, hay que darle un aporte multivitamínico. Suponen entre un 10 y un 15 % de la ración total, es decir, un poco más en comparación con la alimentación BARF, aunque siempre mantendremos la proporción de mitad y mitad.

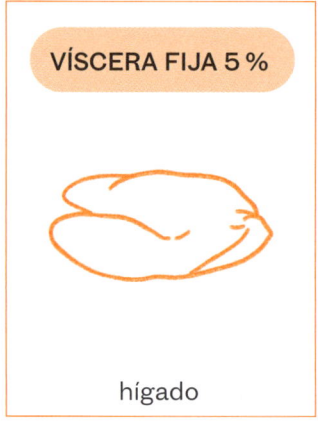

VÍSCERA FIJA 5 %

hígado

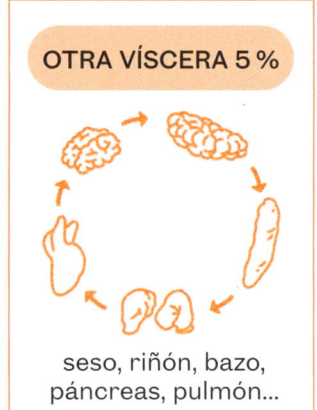

OTRA VÍSCERA 5 %

seso, riñón, bazo, páncreas, pulmón...

Vegetales y carbohidratos

Los perros son carnívoros facultativos, por lo que se pueden beneficiar de algunos componentes de las verduras y frutas, como antioxidantes, vitaminas y fibra, muy importantes, ya que no están consumiendo las presas enteras. Eso no quiere decir que estén preparados para asimilar grandes cantidades de almidón, por lo que es mejor priorizar las opciones bajas en esta sustancia. Para facilitar su asimilación ofrécele los carbohidratos y las verduras cocidos, las frutas no. Y si se lo das triturado, le facilitará la digestión y la asimilación. Recuerda que como en las carnes y los otros elementos, la variedad es importante. Para ello te recomiendo usar vegetales, frutas y hortalizas de temporada: así gastarás menos e irás variando a lo largo del tiempo. En cuanto a los hidratos de carbono con más contenido en almidón, son buenas fuentes para tu perro la patata, boniato, yuca, calabaza y guisantes, entre otros. Suponen el 20-30 % de la ración total, aproximadamente. Aquí tienes una muestra de lo que le puedes dar.

FRUTA APTA

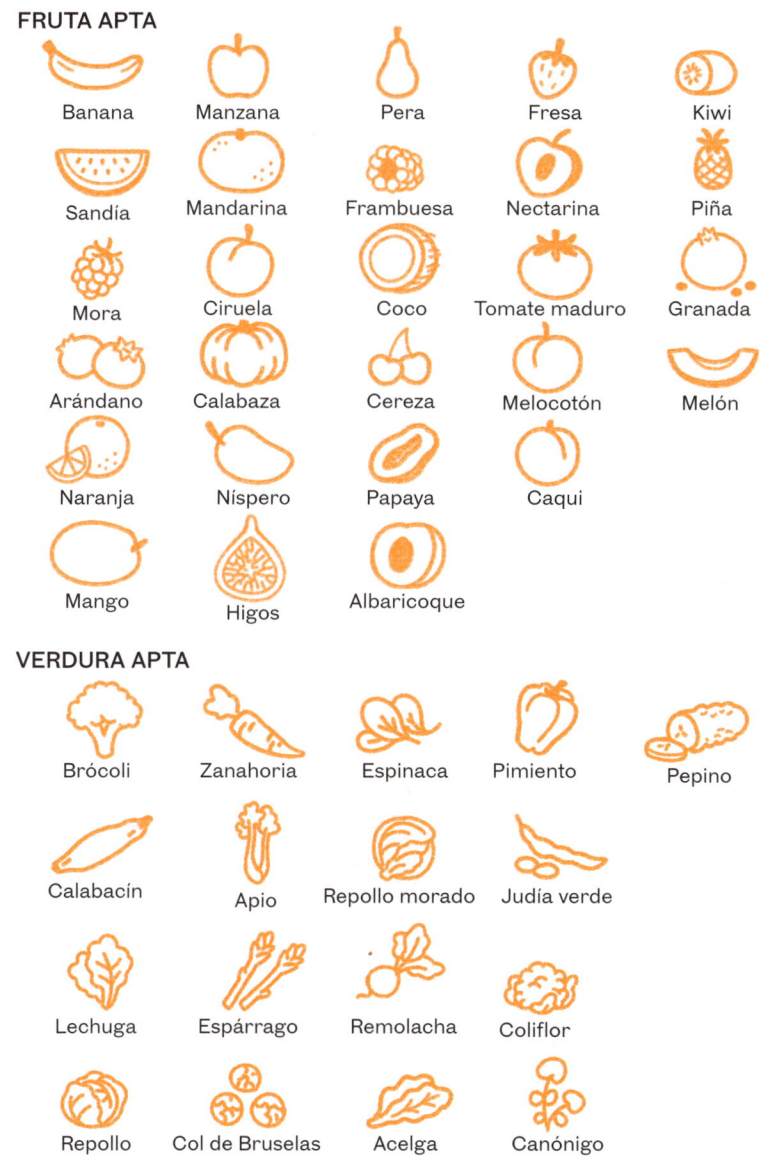

- Banana
- Manzana
- Pera
- Fresa
- Kiwi
- Sandía
- Mandarina
- Frambuesa
- Nectarina
- Piña
- Mora
- Ciruela
- Coco
- Tomate maduro
- Granada
- Arándano
- Calabaza
- Cereza
- Melocotón
- Melón
- Naranja
- Níspero
- Papaya
- Caqui
- Mango
- Higos
- Albaricoque

VERDURA APTA

- Brócoli
- Zanahoria
- Espinaca
- Pimiento
- Pepino
- Calabacín
- Apio
- Repollo morado
- Judía verde
- Lechuga
- Espárrago
- Remolacha
- Coliflor
- Repollo
- Col de Bruselas
- Acelga
- Canónigo

Cantidad de ración

Como con la alimentación BARF, las raciones dependen del tamaño del perro, la actividad y la etapa en la que se encuentra. Para calcularlo tienes que coger el peso ideal de tu perro en kilos y multiplicarlo por el porcentaje orientativo que le toque.

EDAD DEL PERRO	CANTIDAD POR RACIÓN
Perros séniores Perros castrados Con actividad baja	2 % del peso
Con actividad media	2,5 % del peso
Con actividad alta Perros nerviosos	3 % del peso
Perros mini Galgos Perros de deporte	3-4 % del peso

Recuerda que el porcentaje ideal será aquel en el cual ni tu animal engorda ni adelgaza y tiene una buena condición corporal (en el capítulo 5 tienes imágenes de la condición corporal para ayudarte), por lo que son porcentajes de partida que se pueden modificar. En el caso de cachorros, como tenemos que ser muy precisos con el tema del calcio, te aconsejo que acudas a un profesional que te ayude a hacer una dieta cocinada para tu cachorro para que crezca sano y fuerte.

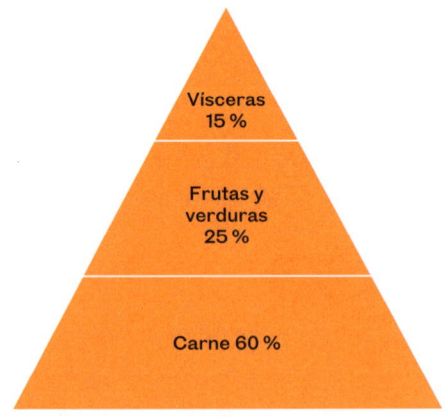

* Recuerda que el porcentaje puede variar en función del perro.

Para el cálculo de la ración simplemente tienes que acudir al capítulo alimentación BARF (el anterior) y tienes ejemplos de cómo calcular la ración total que tu perro necesita al día. Se hace exactamente igual y, una vez ya tienes la cantidad total diaria, usa los porcentajes que te pongo a continuación para calcular las partes.

Transición a la alimentación cocinada

La transición a una dieta cocinada puede hacerse de varias maneras: de golpe, quitando el pienso de un día para el otro; con dieta blanda, o haciendo un cambio progresivo del pienso a la dieta cocinada.

En el capítulo de la alimentación BARF, te he explicado cómo hacerlo con la dieta blanda. Aquí te indico cómo hacerlo quitando el pienso progresivamente. No es de mis opciones preferidas, porque cuando quitamos el pienso suceden una serie de cambios a nivel fisiológico (recuperar sus balances originales) que hacen que al usar los dos tipos de alimentación pueda tener algún problema gastrointestinal. No obstante, esto me preocupa más en la dieta BARF, al tener que digerir los huesos, que en la dieta cocinada.

Le dará el alimento con dos raciones al día: una, de su pienso habitual, y la otra, de la dieta cocinada que hayas preparado, e irás aumentando progresivamente el porcentaje de dieta cocinada y reduciendo el de pienso.

Día 1 al 5	Día 6 al 11	Día 12 al 16
85 % pienso 15 % cocinada	70 % pienso 30 % cocinada	50 % pienso 50 % cocinada

Día 17 al 21	Día 22 al 26	Día 27 al 30
30 % pienso 70 % cocinada	15 % pienso 85 % cocinada	100 % cocinada

Comida cocinada comercial

Actualmente no hay mucha oferta en España de alimentación cocinada comercial. Algunas marcas la ofrecen, pero pocas, y no siempre son de la mejor calidad. Es importante, pues, que los consumidores deis más voz y pidáis más comida de verdad para vuestros perros.

Complementos y suplementos necesarios

Aparte de la rotación de alimentos, que es fundamental, en la dieta cocinada necesitarás complementar con alguna cosa, como huevos, algas, omega 3 o probióticos (opcional). En el capítulo 9 encontrarás las cantidades que debes añadir de cada uno.

En el caso del calcio, suplemento necesario solo en la dieta cocinada, hay varias opciones en el mercado para animales sanos. A mí me gusta el MCH (microcristal óseo hidroxiapatito), que lo puedes encontrar por internet, y a poder ser elige que sea de vacas de pasto. La cantidad recomendada es de entre 800 y 1.000 mg por cada 450 g de carne y vísceras.

Capítulo 9

Recetas naturales, suplementos y complementos

En este capítulo encontrarás recetas que puedes hacer en casa y que aportarán a tu perro diversos beneficios. Las puedes añadir o hacer independientemente del modelo de alimentación de base que consuma.

Complementos y suplementos

Los complementos y suplementos son para animales sanos, sin patologías ni ninguna condición médica. Consulta con tu veterinario si tienes dudas.

Huevos

El huevo es una proteína de alto valor biológico y muy interesante por los nutrientes y grasas saludables que aporta. Se debe introducir en la alimentación como un complemento de base, no puede faltar dentro de una alimentación variada del perro. Se puede dar en todas las opciones de alimentación.

La cantidad y tamaño dependerán, entre otros factores, del tamaño del animal y de su actividad física. En el caso de suministrarlo crudo, no se debe exceder la cantidad semanal citada, ya que el huevo crudo también presenta ciertos antinutrientes que, si superamos esa dosis, anularían los beneficios. Si por el motivo que sea hay que aumentar la dosis, se darán cocidos o pasados por agua.

Es recomendable empezar dando el huevo cocido (sin cáscara) y menos cantidad de la indicada (para introducirlo progresivamente). A partir de aquí, se puede ir reduciendo la cocción hasta llegar al crudo. Lo ideal es una ligera cocción (pasado por agua: clara cuajada, yema cruda), ya que puede representar alguna diferencia positiva en cuanto a absorción de nutrientes se refiere para nuestros animales respecto al crudo.

TAMAÑO DEL PERRO	CANTIDAD HUEVO SEMANAL
tamaño pequeño	1
tamaño mediano	2
tamaño grande	3 o +

Algas

Las algas suponen una fuente de micronutrientes muy interesante para el animal, de manera que servirán como apoyo para el sistema inmunitario y el hígado, además de aportarnos compuestos esenciales para su alimentación, como el yodo. La chlorella y el kelp son ejemplos de algas que podemos utilizar. Se venden en formato polvo, por lo que son fáciles de mezclar con la comida. En la mayoría de los casos en el producto te viene una cuchara medidora y debes seguir indicaciones del fabricante, pero, si no, una cantidad recomendada general 1 g por cada 10 kg de perro (haz una regla de tres para calcular en función de lo que pese).

Omega 3

¿Por qué es necesario darle suplemento de omega 3 (EPA y DHA) a nuestro perro? El omega 3 es un ácido graso antiinflamatorio y el omega 6 es un ácido graso proinflamatorio. Ambos son importantes en el organismo, el problema es que con una dieta rica en las carnes que se consumen actualmente (los animales no están en el campo, se alimentan de piensos y apenas ven la luz solar) predomina bastante el omega 6, por lo que al consumirlas se produce un desequilibrio entre omega 6 y omega 3. Al suplementar a nuestros perros con omega 3, reequilibramos este desajuste y evitamos la inflamación de bajo grado. ¿Cómo elegir uno?

- Si es en aceite, que sea envase opaco o ámbar.
- Es preferible en cápsulas que en aceite.
- Es recomendable de pescados pequeños azules que no de grandes pescados azules.
- Que lleve vitamina E como conservante.

Todo esto es debido a que son ácidos grasos muy inestables y sensibles, por lo que el oxígeno y la luz hace que vayan perdiendo propiedades. Sigue las normas del fabricante para su dosificación, pero la cantidad orientativa recomendada de EPA + DHA es de 300 mg por cada 15 kg de peso.

Probióticos

Los alimentos probióticos son aquellos que contienen cepas de microorganismos beneficiosas para la salud de tu perro. Estos microorganismos ayudan a mejorar la digestión, a aprovechar mejor los nutrientes de su alimentación y al final son una línea de defensa para luchar contra los microorganismos patógenos (los malos) que entren en su organismo.

Ya hemos comentado la importancia de la microbiota en la primera parte de este módulo, por lo que los probióticos en la dieta son importantes, siempre en la dosis justa y cuando sea necesario para no causar el efecto contrario. De probióticos no comerciales o caseros tenemos varias opciones, pero las más usadas son kéfir de leche, kéfir de agua y yogur. Si los compras en el supermercado, que sean sin azúcares, edulcorantes ni sabores añadidos, es decir, que sea un producto totalmente natural. Aunque dos de ellos son lácteos, son lácteos fermentados, por lo que no suelen causar problemas, ya que la lactosa (ya te he comentado que la mayoría de los perros son intolerantes a esta) se utiliza como fuente de alimento por estas cepas de bacterias que se encuentran en el producto, por lo que acaban consumiéndola y no da problemas. La cantidad es de ½ cucharada por cada 5 kg de peso.

La tripa verde también tiene acción probiótica, pero se da solo a animales que consumen alimentación BARF, ya que se trata de un alimento crudo. Si la añades de vez en cuando en su alimentación es una excelente opción para su sistema digestivo.

9 recetas útiles

1. Fiambre casero

Los snacks deben ser saludables. En muchos casos, para trabajar comportamientos con nuestro perro necesitamos un snack blando con el que podamos premiarlo de forma rápida. Con esta receta podrás hacer un fiambre y cortarlo a la medida que te vaya mejor.

¿Qué necesitas?
- carne (la que tú quieras)
- agua
- papel film

Paso a paso:
1. Tritura la carne que quieras.
2. Corta un trozo de papel film y pon la carne triturada dentro.
3. Enróllalo con la intención de crear una «salchicha».
4. Enrolla y anuda los extremos para que quede bien comprimido.

5. Pon agua a hervir en una olla.
6. Cuando el agua hierva mete el fiambre con el plástico y deja cocer 1 o 2 minutos (el tiempo dependerá del grosor que le hayas dado).
7. Deja enfriar. Guárdalo en la nevera y córtalo a la medida deseada para usar como premio.

2. Caldo de huesos

Este caldo de huesos tiene muchos usos. Nos ayuda en animales que tienen el sistema digestivo sensible o para que perros convalecientes ingieran algo de comida. Sirve para atemperar las raciones, como receta de helados y es una fuente rica de nutrientes y minerales.

¿Qué necesitas?
- huesos (preferiblemente de animales de pasto) que puedes conseguir en cualquier carnicería o supermercado (muchos te los regalarán).
- agua
- vinagre de manzana

Paso a paso:
1. Pon los huesos en una olla (pueden ser crudos o que hayas ido guardando en el congelador siempre que no lleven salsas ni condimentos). Si tienes una crockpot (olla de cocción lenta) mejor; es preferible no usar la olla exprés, ya que la finalidad es que cueza muchas horas a fuego muy lento, para poder sacar todos los nutrientes de esos huesos.
2. Llena una olla de agua.
3. Echa un buen chorro de vinagre de manzana.
4. Pon a cocer a fuego lento entre 12-24 horas.
5. Cuela el caldo y guárdalo (tira todos los huesos).
6. Puedes ponerlo en moldes o cubiteras y será más cómodo a la hora de utilizarlo cuando quieras. Si añades al caldo patas de pollo, orejas de cerdo, alimentos ricos en cartíla-

go a la hora de cocer... te quedará como una gelatina (menos líquido) saludable rica en colágeno natural, muy interesante para animales con problemas articulares.

Cantidad orientativa diaria:
- 1 cubito al día para perros pequeños
- 2 cubitos al día para perros medianos
- 3 cubitos al día para perros grandes

3. Gominolas multivitamínicas

Son una forma divertida y fácil de aportar micronutrientes, especialmente interesante para aquellos perros que solo consumen comida ultraprocesada como el pienso.

¿Qué necesitas? (para unas 20 unidades pequeñas)
- ½ manzana
- 1 kiwi
- 2 arbolitos de brócoli
- ½ zanahoria
- un puñado de frutos rojos
- 300-400 ml de agua (menos si las frutas tienen mucha agua)
- 1 sobre de agar-agar (gelificante vegetal)
- moldes

Paso a paso:
1. Lava y pela las frutas y verduras que lo requieran.
2. Tritura con el agua y reserva 50 ml de esta.
3. Disuelve el sobre de agar-agar en los 50 ml de agua que hemos reservado.
4. Mezcla todo, ponlo en moldes y deja reposar en la nevera.
5. En función de los ingredientes utilizados pueden quedar más o menos secas, es cuestión de ir probando, pero quedará una textura como gelatina.

Cantidad orientativa diaria:
- 1 gominola al día para perros pequeños
- 2 gominolas al día para perros medianos
- 3 gominolas al día para perros grandes

4. Helado de kéfir de cabra con plátano y arándanos

¿Qué necesitas?
- plátanos
- arándanos
- kéfir de cabra
- moldes

Paso a paso:
1. Corta medio plátano en trozos pequeños y ponlo en los moldes junto a los arándanos.
2. Rellena los moldes con kéfir de cabra.
3. Congela unas horas y ya está listo para consumir.

5. Helado de pollo y zanahoria

¿Qué necesitas?
- caldo de huesos (ver la receta 2) o caldo de pollo sin sal
- zanahorias, patas de pollo deshidratadas o nervios deshidratados (los encontrarás en tiendas de alimentación)

Paso a paso:
1. Corta unos bastones de zanahoria para utilizarlos como palo del helado; también puedes usar como palo patas de pollo deshidratadas o nervios deshidratados.
2. Pon el caldo en los moldes y déjalos en el congelador un rato.

3. Sácalos cuando no estén congelados del todo para poder clavar los «palos del helado», que serán las zanahorias o los snacks deshidratados.
4. Déjalos en el congelador unas horas y ya estarán listos para consumir.

6. Helado de sandía y pepino

¿Qué necesitas?
- sandía
- pepino
- moldes

Paso a paso:
1. Tritura un trozo de sandía (sin la cáscara) y ponla en los moldes hasta que queden casi cubiertos.
2. Corta unos trozos de pepino en forma alargada, ya que la función es utilizarlos de palo del helado.
3. Pon los moldes en el congelador.
4. Pasado un rato saca los moldes y clava el pepino. Debe aguantarse derecho.
5. Pon los moldes de nuevo en el congelador unas horas, y ya está listo para consumir.

7. Golden Paste

La Golden Paste es una forma sencilla de aportar los beneficios antiinflamatorios que proporciona la cúrcuma (una potente raíz, que junto a la piperina de la pimienta para que esté activada, nos puede ayudar como potente antioxidante, potente acción antiinflamatoria en casos como artrosis, displasia, artritis...). Regula los niveles de glucosa en sangre entre otros beneficios. Ojo, que como todo también puede tener contraindicaciones; en este caso, evitarla en animales con problemas de coagulación, úlceras gástricas y aquellos con cálculos biliares. Tampoco darla antes y después de una cirugía.

¿Qué necesitas?
- 300 ml de agua
- 70 g de cúrcuma en polvo
- 70 ml de aceite de coco prensado en frío
- 2,5 g de pimienta negra recién molida

Paso a paso:
1. Pon el agua en el fuego y añade la cúrcuma removiendo aproximadamente unos 10 minutos hasta llegar a ebullición.
2. Después aparta del fuego y añade el aceite de coco y la pimienta.
3. Mezcla muy bien para que quede todo bien mezclado.
4. Ponlo en un bote de cristal y una vez frío guárdalo en la nevera. Se conservará unas dos semanas.

Cantidad orientativa diaria:
- ¼ de cucharadita por cada 5 kg de peso del animal; se puede duplicar dosis en caso de que sea necesario repartiendo la dosis total en dos tomas al día.

8. Pastel de hígado

Te puede venir muy bien para ocasiones especiales, como su cumpleaños, aunque has de tener en cuenta no poner alimentos tóxicos y no recomendables y no pasarte con la cantidad de tarta que le des (por mucha carita de pena que te ponga).

Qué necesitas (para 12 porciones):
- ⅓ de taza de hígado de bovino picado
- 2 huevos
- ¼ de taza de fécula de patata/batata
- ½ taza de guisantes

- ½ cuchara de té de cúrcuma en polvo o 1 cuchara de cúrcuma fresca rallada

Paso a paso:
1. Precalienta el horno a 180 °C.
2. Mezcla todos los ingredientes en el procesador de alimentos o batidora y, una vez esté todo bien mezclado, vierte el contenido en una bandeja o molde de horno untado con un poco de aceite o mantequilla para que no se pegue.
3. Hornea durante 25 minutos.
4. Después de que esté hecho, retira del horno, deja que se enfríe y córtalo en cubitos.

Cantidad orientativa diaria:
- 1 porción para perros de hasta 5 kg
- 2 porciones para perros de 5-22 kg
- 3 porciones para perros de más de 22 kg

9. Galletas aliento fresco

Si a tu perro le huele mal el aliento, recuerda primero descartar algún problema bucodental o de salud, pero aquí te dejo una receta para que tenga un aliento fresco.

Qué necesitas (para 20 unidades pequeñas)
- 250 g de garbanzos cocidos
- ½ taza de perejil fresco picado
- ½ taza de menta fresca picada
- 1 huevo

Paso a paso:
1. Precalienta el horno a 180 °C.
2. Tritura todos los ingredientes juntos hasta obtener una pasta lisa.
3. Introduce cucharadas de la mezcla en moldes de silicona para el horno.

4. Hornea durante 35-40 minutos hasta que la parte de arriba empiece a dorarse. El tiempo varía en función del tamaño de la galleta.
5. Deja que se enfríen antes de desmoldarlas.

Cantidad orientativa diaria:
- 1 porción para perros de hasta 5 kg
- 2 porciones para perros de 5-22 kg
- 3 porciones para perros de más de 22 kg

En un bote de cristal te durarán unos 7 días en nevera; si las congelas te pueden durar hasta 2 meses.

Capítulo 10

10 mitos de la nutrición canina

1. Los perros son omnívoros

El perro es un carnívoro facultativo o semicarnívoro y aunque tiene cierta capacidad para obtener y «sobrevivir» con alimentos que no sean de origen animal, su anatomía y fisiología son característicamente de un tipo de carnívoro.

2. El pienso es el mejor alimento para los perros

El pienso es un tipo de alimentación, pero ni mucho menos la mejor opción para alimentar a un animal todos los días de su vida. Es una opción cómoda, pero no por ello la más acertada.

3. Si consumen carne cruda se vuelven agresivos

No hay ningún componente ni detonante en los alimentos crudos que potencie las conductas agresivas, ni siquiera consumiendo sangre como tal. Si ofrecieras al animal presas vivas y tuviera que cazarlas y matarlas, sí potenciarías las conductas predatorias (que tampoco quiere decir agresividad), pero no por el hecho de que sea crudo, sino por las secuencias de depredación y caza.

4 La alimentación natural es desequilibrada

Cualquier alimentación que no esté correctamente adaptada a los requerimientos y necesidades como especie produce desequilibrios, pero esto no depende del tipo de alimentación, sino de cómo está formulada. Un pienso puede ser desequilibrado al igual que una dieta natural, solo que en la dieta natural depende de lo que hagas tú en casa y en el pienso depende del fabricante. Asesorarse por profesionales es lo adecuado.

5 Los huesos son siempre peligrosos

Es falso. Los problemas con los huesos son consecuencia varios motivos: huesos cocinados, huesos sin carne y animales sin experiencia. Teniendo estos puntos en cuenta no hay mayor riesgo que con otras actividades con juguetes, palos, etc. De hecho, en alimentación BARF los perros comen huesos carnosos sin problemas, eso sí, hazlo siempre asesorado por un profesional.

6 Los perros necesitan cereales

Los cereales se encuentran en la alimentación comercial como un aporte de energía gracias a los hidratos de carbono y reducen bastante el coste de producción. Ningún organismo oficial de nutrición veterinaria (aun estando en contra de la alimentación natural) pauta los requerimientos mínimos de hidratos de carbono. En cambio, sí pueden producir en algunos animales digestiones pesadas u otros problemas, ya que no tienen la misma capacidad que nosotros para digerirlos correctamente.

7 | No pueden comer nada que no sea pienso

Pueden y deberían consumir una alimentación fresca bien equilibrada para su especie. El pienso no hace tantos años que se encuentra en el mercado y ningún animal come de forma natural unas bolitas secas altamente procesadas y sometidas a elevadas temperaturas suplementadas con nutrientes para que tengan valor nutricional. Ahora bien, hay algunos alimentos tóxicos y, si no vas a hacer bien la alimentación natural, pues sí, mejor dale pienso.

8 | Una dieta alta en proteína daña el riñón

Esto también está desmentido en la alimentación humana y es que se ha afirmado de muchas especies durante mucho tiempo. No, la proteína de calidad no causa daños, y lo que no se aprovecha es excretado por la orina. Un estudio concluyó que los niveles de proteína de calidad no producen daño renal,[1] además de ser un error reducir la proteína en animales séniores si no hay patologías que lo indiquen.[2]

9 | Solo los perros que comen dieta cruda excretan bacterias

Es falso. No solo hay estudios que informan de que hay excreción de bacterias en perros alimentados con pienso, sino que también hay algunos que nos indican que esas bacterias potencialmente peligrosas para nosotros, los humanos, se encuentran de forma natural en el sistema digestivo de los perros, independientemente de su alimentación. Algunos de los estudios que hablan de la relación «peligrosa» bacterias-alimentación BARF son estudios que solo se centran en el grupo que se alimenta con BARF y omiten información de lo que comen otros perros del estudio.

10 Si come carne cruda, tendrá más instinto de caza

No, no tiene ni ciencia ni lógica. No hay ningún mecanismo en la carne cruda que haga que a tu perro se le active un botón de encendido. Las conductas agresivas tienen causas de salud comportamental y emocional o física detrás, y aunque la dietoterapia nos puede ayudar en el manejo de muchas de ellas, el consumo de carne cruda no fomenta ningún acto de depredación animal, puesto que no hay ningún animal en movimiento con el que seguir la secuencia de caza.

Para que tu perro sea feliz, es vital educarlo correctamente y comprender las bases de cómo funciona su comportamiento. ¿Cómo se comunica tu perro? ¿Qué hacer y qué no hacer? Todo eso lo aprenderás en esta parte desde un punto de vista científico y actualizado.

TERCERA PARTE

Educación

Capítulo 11

Empezando por la base

Bienestar animal

Antes de entrar de lleno en el terreno de la educación, me gustaría hablarte del concepto de bienestar animal. No hay un consenso científico en su definición. La Organización Mundial de Sanidad Animal (OIE) lo define como el estado físico y mental de un animal en relación con las condiciones en las que vive y muere. Esta definición, la verdad, no aporta mucha información.

Aquí te hablaré de la Ley británica de bienestar animal, de 2006, conocida como las 5 necesidades, porque me parece la más completa.

Estas necesidades son:

1	**NECESIDAD DE UNA DIETA ADECUADA.** La falta de la dieta adecuada puede llevar a hambre, sed, malnutrición, deshidratación y obesidad.
2	**NECESIDAD DE UN ENTORNO ADECUADO.** Debe tener el espacio adecuado, y evitar el ruido y la falta de rutina.
3	**NECESIDAD DE ESTAR PROTEGIDO DEL DOLOR, SUFRIMIENTO, LESIÓN O ENFERMEDAD.** Tratar las enfermedades, el dolor y las sensaciones asociadas es el elemento central de la práctica veterinaria a través de la cura, paliación o prevención.

4	**NECESIDAD DE ALOJAMIENTO EN COMPAÑÍA DE, O APARTE DE, OTROS ANIMALES** en función de la especie y del animal. La compañía humana también se considera igual de importante cuando hablamos de animales de compañía como el perro.
5	**NECESIDAD DE SER CAPAZ DE MOSTRAR EL COMPORTAMIENTO NORMAL DE LA ESPECIE.** Evidenciar la falta de comportamientos de juego y la aparición de conductas estereotipadas (repetitivas) es un claro indicio de falta de bienestar animal.

Todo esto sigue siendo poco específico. Aunque ha servido para establecer muchas de las normativas en materia de bienestar animal, esta ley se creó básicamente para animales de producción, y extrapolarlo a otras especies presenta sus limitaciones.

Olvida lo aprendido

Si me sigues en internet o a otros profesionales actualizados quizá no sea necesario que olvides. Pero sí si tus conocimientos se basan en la imposición de un estatus jerárquico de macho alfa, como se ha explicado en algunos programas de televisión. Usar según qué tipo de técnicas es contraproducente a medio y largo plazo; son técnicas basadas en el miedo y ningún perro quiere ni debe vivir en una relación basada en el miedo.

Tienes que entender la relación con tu perro como una relación de convivencia y de confianza, esto no quiere decir que sea un humano, no lo es y tiene necesidades diferentes a las nuestras, pero eso no significa que su educación y aprendizaje tengan que basarse en el maltrato físico o verbal porque solo infundes miedo. De esto hablaremos más en detenimiento.

Especie altricial

Una especie altricial es aquella en que su descendencia, entre otras características, nace con ojos y oídos cerrados, con poca capacidad para autorregular la temperatura y poca movilidad; es el caso de tu amigo el perro. Como se puede apreciar en la figura la apertura de los ojos se produce en torno a los 15 días y el reflejo de alarma, en torno a los 21 días (que coincide con el inicio de la etapa de socialización).

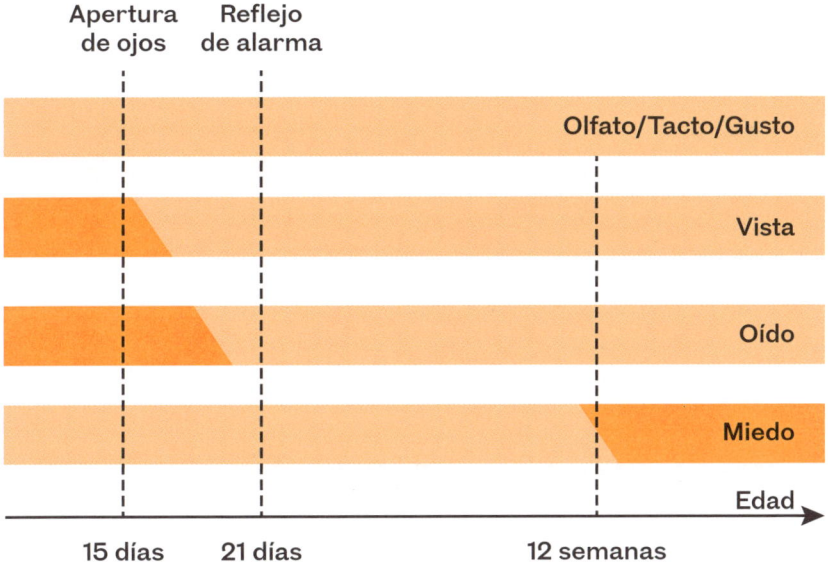

Etapas del desarrollo conductual

A lo largo de la vida de tu perro, no solo va a pasar por diversas etapas en cuanto a edad física se refiere, sino que a nivel conductual y comportamental también se producen una serie de cambios y procesos en todas las etapas. Es cierto que hay algunas etapas más vitales que otras en cuanto al impacto que generarán en su carácter, conducta y emociones, por eso es importante hablar de todas ellas y ver qué sucede en cada una.

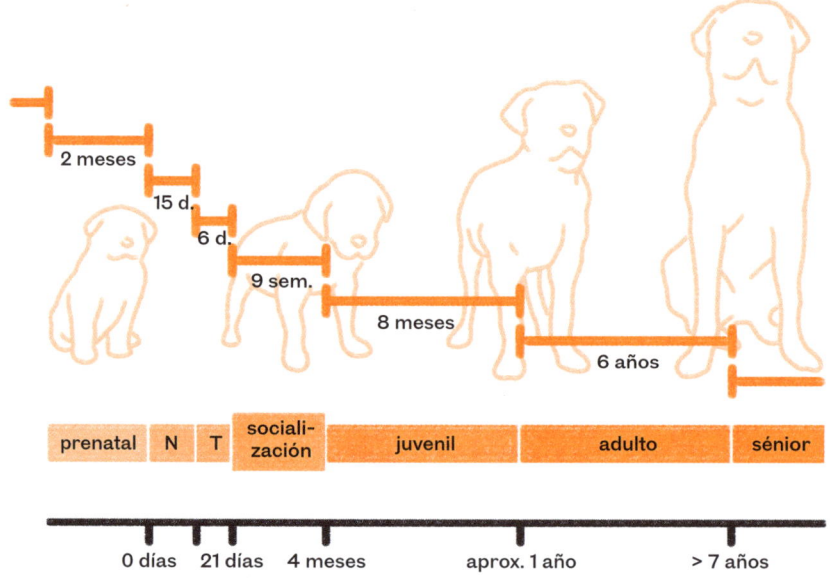

1. Prenatal (antes del nacimiento)

Es el periodo que comprende hasta el momento del nacimiento. Aunque pueda no parecer importante para el desarrollo de la conducta y emociones de tu perro, sí lo es y fundamentalmente hay que atender a la madre: hay que darle un cuidado sanitario y nutricional adecuado y sin escatimar y, sobre todo y muy importante, procurar que la hembra no sufra estrés durante la gestación, ya que este afectará negativamente a las respuestas del estrés de los cachorros. Esto se debe a que las hormonas involucradas son capaces de atravesar la barrera placentaria y producir cambios en las estructuras nerviosas de los futuros perros.

2. Neonatal (hasta las 2 semanas de vida) y transición (desde la semana 2 hasta la semana 3)

Es el periodo desde el nacimiento y hasta antes de empezar la socialización (desde el día 0 hasta del día 21). Al contrario de lo que puedas pensar o te hayan dicho, sí es importante manipular de la forma y tiempo correcto a estos cachorros en esta etapa, ya que esto tiene efectos positivos para que se puedan adaptar de adultos mejor a las situaciones estresantes. La manipulación de los cachorros debe ser entre 5 y 15 minutos al día, nunca separarlos más de 15 minutos de su madre, ya que esto sería contraproducente.

3. Socialización (entre la semana 3 y la semana 12)

El periodo de socialización es uno de los más importantes a lo largo de la vida de tu perro. No es que sea determinante, pero sí condicionará muchas cosas de forma negativa y de forma positiva para el futuro. Por tanto, hacer las cosas correctamente aquí te ahorrará trabajo y malas experiencias en tu perro adulto. Es importante recordar que el cachorro debe estar con la madre y los hermanos hasta los 2 meses y medio de edad. Esto le ayudará a aprender bien el lenguaje, control de la frustración, menos riesgo de ansiedad por separación y miedos en el futuro. La hipótesis más aceptada de cuándo acaba la socialización (y es importante que la sepas) es cuando se produce la maduración de las estructuras nerviosas que van a regular la respuesta de miedo, por lo que hasta la semana 12 hay un periodo muy importante para trabajar los estímulos a los que se enfrentará tu perro en su vida.

¿Qué cosas hemos de trabajar en esta etapa?

- *Habituación al entorno*. El cachorro tiene que ir viendo de manera progresiva y positiva las diferentes situaciones y cosas, personas o animales con los que va a convivir el día de mañana. Acostumbrarle a la ducha, a otros animales, a otras personas, a los coches, etc. Pero nunca lo hagas de forma invasiva, siempre poco a poco y con premios. ¡LA EXPERIENCIA TIENE QUE SER POSITIVA PARA ÉL; SI NO, NO CONSEGUIREMOS LA HABITUACIÓN! No tengas prisa y ve aumentando la dificultad progresivamente. Te dejo la

definición de un par de conceptos de psicología para que lo entiendas mejor:
- La habituación es la presentación de un estímulo de forma repetida que no produzca respuesta en el individuo, por lo que la respuesta pasa de ser negativa/neutra a positiva. ¡Esta es la que queremos!
- La sensibilización es la presentación de un estímulo repetidamente, de modo que cada vez produzca mayor respuesta en el individuo, por lo que pasará de tener una respuesta positiva/neutra a negativa. Por ejemplo, una exposición a petardos de forma descontrolada hará que no haya una habituación, sino una sensibilización y, por tanto, les tendrá miedo.

- *Conducta social*. Como el propio nombre de la etapa indica la socialización es el relacionarse de la manera correcta con otros congéneres (u otros seres vivos). Es importante que no lo metas en un parque con muchos perros. Los primeros paseos que sean por sitios más tranquilos, hasta que vaya ganando confianza. Intenta que sus primeras experiencias sean con perros estables y que sean positivas y, poco a poco, ir aumentando el número de congéneres con los que relacionarse.
- *Hábitos de eliminación*. Esto es uno de los quebraderos de cabeza como tutor primerizo de un cachorro. Los perros aprenden rápido, pero hay cuestiones puramente fisiológicas que hacen de barrera, como el control de los esfínteres. Lo ideal es empezar hacia las 7-8 semanas de vida, ya que en esa etapa se da una preferencia por el sustrato y sitio para hacer necesidades. Aquí tienes los consejos para enseñarle bien esta labor:
    1. No le riñas ni le castigues por esto, y da igual si lo pillas o te lo encuentras al volver a casa; tiene tan poco sentido como si riñéramos a los bebés por hacerse sus necesidades encima. Lo único que vas a conseguir con el castigo es que te tenga miedo, por lo que nada de asustarle con el periódico, ni restregar el

hocico en el pipí, nada, ni castigo físico ni verbal. Los perros no tienen conciencia sobre el bien y el mal, y cuando te agacha las orejas y pone carita de «he sido yo» lo que tiene realmente es miedo (hablaremos de estas señales más adelante).

2. Un cachorro, después de comer, dormir y jugar o excitarse, va a querer hacer necesidades, por lo que es un buen momento para llevarlo al sitio donde queremos que lo haga o a la calle, y cuando lo haga lo premiaremos (refuerzo positivo) con una pequeña chuche, unas buenas palabras o un juego.

3. No limpies nunca los orines en casa con lejía o amoníaco. Primero, porque el olor es fuerte y puede hacer el efecto contrario: que quieran mear más veces, y segundo, porque, aunque a ti no te lo parezca, sí que huele (para su olfato). Debemos limpiar siempre con detergentes enzimáticos (los encuentras en cualquier supermercado) o, en su defecto, con jabón para la lavadora; esto no solo nos asegurará eliminar la suciedad, sino también los restos orgánicos de la orina. Evita usar mucho la fregona, ya que también acaba acumulando olores. Lo ideal, si es viable por tamaño, es usar papel de cocina para quitarlo y luego usar el detergente enzimático.

4. Establece rutinas de juego y paseo: pasear después de las comidas, puesto que sabemos que van a querer hacer necesidades en ese momento. Que el paseo no sea ni demasiado largo ni demasiado corto (hay animales que necesitan tiempo y en la calle hay muchos estímulos nuevos que no conocen y hace que estén más cohibidos). Es importante no acabar el paseo justo cuando hace sus necesidades, porque podría entender que el paseo se acaba cuando las hace y, por tanto, dejar de hacerlas para que no acabe.

5. Ten paciencia, comprensión y constancia. No hay fórmulas mágicas, simplemente sigue estos conse-

jos y verás que todo irá bien y cada vez podrá aguantarse más tiempo conforme vaya creciendo.
- *Protección de objetos y comida*. Es importante que el perro esté tranquilo y no se le moleste cuando come, exactamente igual que a nosotros no nos agrada que nos metan la mano en el plato mientras comemos. Algo habitual y mal entendido es que es necesario meter la mano en la comida del perro para que vea que no pasa nada, y esto es un gravísimo error: tu perro no entiende esto, lo que entiende es que tiene que acabar protegiendo su comida de ti, debido a que siempre le estás incordiando con la mano y no sabe si se la vas a quitar o no. Si no se hacen este tipo de cosas no suelen desarrollar protección con la comida, no obstante, si te vas a acercar en un momento dado, lo que sí puedes hacer es ponerle algo más rico, o más comida, de esta manera asociará tu figura en presencia de comida como algo positivo.
- *Manejo amable y consistente*. Uno de los errores frecuentes es que cuando en la familia hay varias personas, cada uno le pide al perro cosas diferentes y, como es normal, este o no sabe qué hacer o hace lo que quiere. Es importante que toméis las decisiones en familia de forma consensuada con las normas del hogar. Vivís en un grupo social en que la base de la relación con el perro debe ser la confianza y no la imposición.
- *Utilización de refuerzos y castigos*. Debes tener en cuenta que la educación de un perro no se debe basar en la aplicación de castigos para inhibir determinadas conductas, sino en la aplicación de refuerzos positivos de las conductas que nos gustan para potenciar que las repita.

4. Juvenil (hasta los 8 meses o más)

En la etapa juvenil vas a tener que seguir trabajando todo lo aprendido y las pautas, para no correr el riesgo de que se acaben olvidando. En ocasiones, puede ser una etapa complicada, puesto que ellos también tienen su periodo de adolescencia en el que la educación puede ser un poco más engorrosa. No dudes en pedir ayuda a un profesional que trabaje de forma amable si ves que la situación te supera un poco. Además, en esta etapa suceden cambios importantes, como el celo en muchas hembras y las conductas sexuales en ambos sexos, por lo que puede haber variaciones de comportamiento.

5. Adulta (hasta los 7 años o más en función del tamaño)

Es importante que en la etapa adulta sigas proponiendo a tu perro retos, aprendizajes y no caigáis en la monotonía constante. Como verás más adelante cuando hablemos de las necesidades de tu perro, estas son varias y diversas, y hay muchas formas de cubrirlas para brindarle bienestar. Aunque en esta etapa también pueden surgir cambios de comportamiento, el trabajo e inversión de tiempo en hacer las cosas bien en las etapas anteriores facilitará mucho todos estos años de edad adulta.

6. Sénior (desde los 8 años en adelante)

Esta etapa también es algo complicada (o no), ya que podemos encontrarnos con problemas de salud que también afectan a la conducta, e incluso que tengamos que hacer ciertas adaptaciones del día a día o del hogar para facilitarle la vida a nuestro perro. Puede que lleve peor el estar solo, que a veces se le escapen sus necesidades en casa, que haya días que tenga más ganas de pasear y otras menos; en definitiva, hay cambios diversos que pueden surgir en esta etapa. Lo más importante es que seas empático y comprensivo.

Dominancia, ¿mito o realidad?

El tema de la dominancia ha sido muy utilizado para justificar muchos tipos de comportamientos de los perros (tanto por profesionales como no profesionales) y, junto a programas de televisión en los que siempre había una justificación de que el perro es dominante e intenta subir de rango por encima de ti, no han ayudado a entender de forma correcta a nuestros perros.

¿De dónde viene esto? La teoría de la dominancia viene de un científico, David L. Mech, que estudiaba el comportamiento de los lobos. Expuso la teoría de la dominancia entre cánidos, pero más tarde reconoció un grave error en sus afirmaciones, y es que habían sido extraídas a partir del comportamiento de lobos en cautividad y no lobos en libertad. Pudo apreciar que los comportamientos cambiaban mucho, pero ya era tarde y muchas personas ya se habían hecho eco de esto y lo habían usado para someter, amedrentar y castigar a muchos perros con la justificación de «dominancia y educación».

¿Existe entonces la dominancia? Sí, existe, pero no como la habían contado. La dominancia y sumisión existen dentro de un grupo social, pero son posiciones cambiantes en el tiempo, porque asumirá el rol dominante el animal del grupo que esté más capacitado para esta función; la dominancia no usa agresividad, y estas relaciones no se dan en perros en la calle que son desconocidos, porque para que se establezcan estos rangos tienen que ser miembros del mismo grupo social. Si tu perro sale antes que tú por la puerta, no es dominante, simplemente tiene ganas de salir a pasear; si tu perro se sube al sofá, no es dominante, simplemente no es tonto y prefiere la comodidad; si tu perro se sube encima de ti, no es dominante, tiene efusividad por saludarte y es una conducta que seguramente haya sido reforzada.

Así que, aunque a efectos del término, la dominancia sí existe, no va ligada a la agresividad ni a la idea de que tu perro hace ciertas acciones para dominarte o subir en un «estatus» jerárquico.

El vínculo

El vínculo que tienes con tu perro es algo no tangible, pero que podríamos definir como la unión establecida a partir de la confianza y el entendimiento por ambas partes. El vínculo hace que confíe en ti y que se sienta seguro, por lo que esto ayuda a que también te haga más caso a alguna orden cuando es necesario, porque sabe que no le engañas, que contigo está seguro, y que no debe tenerte miedo porque no le vas a pegar o reñir. El vínculo se construye de forma progresiva en el tiempo, pero hay algunas cosas que lo dañan y otras que lo potencian. Debes ser la base segura para tu perro, pero ¿qué sucede cuando lo eres? Pues que un perro en presencia de su base segura se permite mayor exploración, más juego y contacto social y tiene menos miedo y apego.

¿Qué cosas dañan el vínculo?

- los castigos físicos o verbales
- la ausencia de juego y actividades
- los engaños
- ser incoherentes

¿Qué cosas lo refuerzan?

- Hacer actividades juntos que ambas partes disfruten.
- Establecer una relación basada en el respeto y la confianza.
- Cubrir sus necesidades físicas y mentales.
- Dejarle ser perro.

Capítulo 12

Lenguaje canino

Si tuviera que enseñarte una única cosa sobre perros, sin duda sería el lenguaje canino. Tu perro se comunica constantemente contigo, pero a su manera, no a la nuestra. A veces esto nos dificulta tener una buena relación porque no entendemos lo que nos quiere transmitir.

Siempre digo lo mismo, la mayoría de los ataques de perros de forma «no esperada» habrían podido evitarse en el caso de tener algunos conocimientos básicos sobre lenguaje canino. Así que te hablaré del lenguaje corporal y diferentes tipos de señales, para que aprendas a interpretar qué te quiere decir tu perro.

La comunicación canina no es diferente a otro tipo de comunicación desde un marco teórico:

¿Cómo acercarse a un perro?

Tal vez te parezca algo tonto, pero solemos acercarnos a los perros de la manera equivocada y esto no es el mejor modo de empezar un diálogo, así que te doy algunos consejos:

1. Pregunta primero al tutor del otro perro si te puedes acercar e interactuar. Cada animal tiene su carácter, por no hablar de

animales que están en tratamientos conductuales y a los que podemos estropearles todo el trabajo que llevan avanzado.
2. No lo mires fijamente. Es una señal de que quizá no traes buenas intenciones.
3. No vayas de frente, ya que resulta demasiado invasivo. Acércate un poco de lado, como haciendo un semicírculo.
4. No te inclines hacia el perro: es invasivo y puede interpretarse como un gesto de amenaza, y una amenaza de alguien que no conoce puede acabar en un susto. Es mejor ponerse de lado y darle espacio, o agacharnos para parecer menos grandes.
5. Deja que el perro se acerque a olerte.
6. Acarícialo si está relajado y busca interacción, y hazlo de forma suave.

Una vez sabes cómo saludar a un perro correctamente, lo siguiente que debes saber es que el lenguaje y las señales se tienen que evaluar con el contexto. Es decir, no es lo mismo un bostezo de un perro que acaba de despertarse que un bostezo de incomodidad: el contexto marca la diferencia.

Hay cuatro métodos principales de comunicación: visual, olfativa, auditiva y táctil.

Comunicación visual

1. Postura corporal

Empecemos por lo más básico en lenguaje canino: la postura corporal. Con esto ya sabremos cuál es la actitud de tu perro ante la situación que se le presenta (recuerda el contexto). Los perros son mucho más sensibles que nosotros a los movimientos corporales, por eso cometemos muchas incongruencias con ellos, como invitarlos a venir de buen rollo cuando nuestra postura es inclinada hacia delante, lo cual es invasivo y potencialmente amenazante para muchos animales.

Postura de acercamiento no amigable.
Además de poner esta postura también suelen gruñir. Si detectas esta postura en tu perro ante personas o situaciones es necesario que pidas ayuda profesional.

Postura de acercamiento amigable.
Se acerca así activamente a la persona o a otro perro.

Postura de apaciguamiento.
Expresa el deseo de no entrar en conflicto con la persona o el perro que se acerca. Puedes ver esta postura en dos situaciones diferenciadas:
- Cuando te acercas a tu perro, sobre todo si estás enfadado (tu perro te dice: «No te enfades conmigo»).
- Cuando se le acerca una persona o perro desconocido (intenta apaciguar una posible actitud hostil del desconocido).

Postura de demanda de juego.
Está pidiendo contacto con alguien para jugar.

2. Lenguaje facial y expresiones

Esta es quizá una de las partes que más me gusta enseñar, ya que una vez detectas lo que te dice tu perro, no dejarás de verlo, ni en él ni en los otros perros. ¡Es genial que tu perro se comunique contigo o con sus congéneres y que lo entiendas! Vamos a hablar de señales de calma, apaciguamiento o de incomodidad; al final todas son sinónimas para referirnos a que no quiere malos rollos, pero la situación le tensa o no le gusta. Habrá que evaluar también el contexto y su postura corporal. Podemos medir estas señales en tres intensidades, que, aunque no son las únicas, sí son las más frecuentes.

Estos son ejemplos de señales de incomodidad dentro de la secuencia de agresividad de baja intensidad, es decir, son las primeras señales de que tu perro te está diciendo, por ejemplo: «¡Este abrazo no me gusta, me siento incómodo!». Si ignoras estas señales, tu perro buscará probablemente otras estrategias para que le entiendas, y estas suelen ser subir la intensidad de las señales y pasará a gruñir o levantar belfos. Insisto en que esto es comunicación, no se puede reñir ni castigar; de hecho, queremos que nuestro perro se comunique y no suelte un mordisco a la primera de cambio.

 Bostezar
 Girar la cabeza
 Esconderse
 Desviar la mirada

 Relamerse
 Olisquear sin motivo aparente
 Jadear

 Encogerse o meter el rabo entre las piernas (para hacerse más pequeño)
 Erizamiento del lomo
 Quedarse muy quieto

 Orejas hacia delante o hacia atrás
 Andar muy lento
 Cola alta o baja, pero moviéndose con movimientos cortos

Si, aun así, seguimos sin hacerle caso, no le quedará más remedio que aumentar más las señales de intensidad y estas serán más ofensivas y llamativas.

 Gruñir
 Levantar belfos
 Lanzar boca
 Morder

¿Qué sucede normalmente? Pues que hasta que el perro no está a un nivel de incomodidad medio-alto, la mayoría de las personas (a ti ya no te pasará a partir de ahora) ni siquiera se dan cuenta. No ven ese giro de cabeza ante una situación, o ese bostezo, o ese relamido cuando se acerca un niño pequeño, pero ahí están.

3. Cola

La cola es una parte muy importante en su comunicación visual, y los perros que tienen la cola amputada carecen de esta herramienta para comunicarse (usarán otras, pero esta no podrán). ¿Siempre que un perro mueve la cola quiere decir que está contento? Error. Hay que fijarse en dos cosas: en la posición y en el movimiento. Te explico qué quieren decir.

Según el movimiento:

- movimientos amplios de lado a lado: deseo de aproximarse amistosamente o excitabilidad
- movimientos rápidos con la cola alta: seguridad
- movimientos rápidos con la cola baja: ansiedad, nerviosismo, no saber qué hacer
- movimiento asimétrico hacia la derecha al mirar un estímulo con valencia emocional positiva
- movimiento asimétrico hacia la izquierda al mirar un estímulo con valencia emocional negativa

Según la posición:

- cola rígida: amenaza, ansiedad subyacente
- cola alta: seguridad, activación, deseo de aproximación
- cola baja o metida entre las patas: miedo, ansiedad o apaciguamiento

Las conductas o señales afiliativas tienen la función de promover la unión entre miembros de un mismo grupo social, aunque también pueden servir para llamar la atención de otro. Si tu perro tiene conductas afiliativas contigo o con algún otro perro de la casa, si lo hay, es una buena señal. Por lo cual si la muestra será para ti un indicativo de que es feliz y de que le gusta eso que le estás haciendo.

- juego que normalmente comienza con la postura de juego
- movimientos de la cola amplios a altura media o alta
- acercamiento buscando contacto
- boca abierta con lengua relajada

Comunicación olfativa y química

Es verdad que la comunicación olfativa y química motiva menos que la comunicación visual, pero eso no quiere decir que no les aporte y ayude. Aquí entran en juego los olores y feromonas, y este mensaje que transmiten varía en función del sexo del perro, la edad, el estado reproductivo en el que se encuentre, su estado de salud, entre otras características.

Se considera una forma de comunicación indirecta, pues a diferencia del lenguaje corporal, no precisa que el otro perro esté presente para transmitir dicha información (a no ser que hablemos de olores en el saludo, por ejemplo).

¿Cuál es la diferencia entre olores y feromonas? Las feromonas no son percibidas de modo consciente y tampoco se acostumbran a ellas, como sí pasa con los olores que el perro puede llegar a adaptarse a oler y es un acto consciente. Otra diferencia es que el mismo olor puede ser percibido por tu perro y por ti, es decir, especies distintas, mientras que las feromonas solo son percibidas de manera intraespecífica (entre miembros de la misma especie). Las feromonas, al ser captadas de forma no consciente, provocan cambios de conducta innatos e involuntarios.

FEROMONAS	OLORES
no consciente	consciente
provocan respuestas innatas	puede provocar o no cambios de comportamiento
intraespecífica	inter e intraespecífica
no volátiles (solo a través de portador)	volátiles

¿Has oído eso de que los perros tienen un gran olfato? Pues es cierto: reciben la mayor parte de la información a través del olfato y del aparato vomeronasal.

¿Qué vías tienen para llevar a cabo la comunicación olfativa?

- Secreción de olores corporales que son individuales de cada perro y que pueden cambiar en el tiempo.
- Deposición de feromonas en el entorno a través de fluidos como orina, secreciones genitales y sacos anales. ¿Te has fijado que a veces escarban después de hacer sus necesidades? Es para esparcir más las feromonas de la orina y las heces, además de dejar una señal visual del rascado y una señal química por parte de la feromona interdigital.

El órgano vomeronasal, que es por donde se detectan las feromonas, es una estructura neurorreceptora situada en una zona del tabique nasal y que acabará conectando esta información con su sistema nervioso. En ocasiones puedes ver a un perro hacer «tonguing», que es apretar la lengua contra el paladar de forma repetida, y de esta manera están llevando las feromonas al órgano vomeronasal.

Podemos encontrar feromonas de diversos tipos, como:

- feromonas apaciguadoras
- feromonas sexuales
- feromonas de alarma
- feromonas territoriales

El marcaje con orina también forma parte de esta comunicación. La hipótesis más afirmada es la de que sirve para dos cosas: la primera, comunicar la identidad de quien lo ha hecho, y la segunda, marcar territorio.

Comunicación auditiva

Como la propia palabra indica, son señales que se oyen, y el ladrido, lo más característico de los perros, es una de ellas. El ladrido te está indicando algo; no tiene sentido ni utilidad castigarle por ladrar, pues estarías castigando que se comunique. Recuerda que es bueno que los perros no pierdan las señales y pasen directamente a una señal de alta intensidad como el mordisco. Hay varios tipos de señales auditivas, los perros tienen un gran repertorio de sonidos para ofrecernos.

TIPO DE SONIDO	COMPORTAMIENTO
ladrido	señal de alerta, respuesta al aislamiento, demanda de atención, saludo de juego
aullido	puede indicar la presencia de alguien, solicitar atención, mantener cohesión del grupo
gemido	solicita atención, defensa, saludo, dolor, estrés agudo, apaciguamiento
gruñido	agresividad, juego, saludo, confort (en función de la frecuencia de las ondas sonoras)

Como ves (y esto es solo un resumen) el sonido sirve para comunicar muchas cosas y en función del contexto nos indicará unas u otras. Además, las señales auditivas pueden ser recibidas por otros animales en largas distancias y que haya rápido intercambio de información entre ellos.

Comunicación táctil

Los perros también usan el tacto como forma de comunicación, aunque que no se tiene tanta información como de las anteriores, y las usan tanto en momentos de conductas afiliativas como en momentos no tan amigables.

- Poner las patas sobre la espalda o cuerpo del otro.
- Agarrar el morro del otro perro.
- Dormir en contacto con el otro animal.
- Practicar el acicalamiento social (*allogrooming*).

Capítulo 13

Necesidades del perro

En este capítulo te explicaré qué tipos de necesidades precisa tu perro para que tenga una vida acorde a su especie y, sobre todo y lo más importante, bienestar. Está bastante interiorizado el hecho de que las necesidades de un perro son alimentarle y sacarle a pasear, pero esto es algo muy básico y es solo la punta del iceberg: hay muchas cosas para tener en cuenta.

Necesidades físicas

Cuando hablamos de salir a pasear, aunque sucedan muchas más cosas, siempre pensamos en la actividad física. Sabemos la importancia de la actividad física para gozar de buena salud y en los perros no es diferente: pasan muchas horas en el sofá y, aunque es cierto que duermen más que nosotros a lo largo del día, es necesario el ejercicio físico para mantener una buena condición corporal y muscular que le ayudará a prevenir lesiones y evitar el exceso de peso.

El ejercicio físico debe ser acorde a cada animal y será diferente si es cachorro, adulto o sénior. Tanto si hay un déficit como si hay un exceso de actividad física, afectará directamente a la conducta de tu perro.

- Si tenemos un perro con exceso de actividad física y que no se le acompaña con estimulación mental o una bajada gradual de la intensidad de dicho ejercicio, podemos notar que está constantemente muy excitado, le cuesta frenar y bajar revoluciones y siempre está como en estado de activación. En la parte física, esto puede provocar lesiones osteoarticulares y, otros transtornos más estacionales, como puede ser un golpe de calor.
- Si hay déficit de ejercicio, puede aparecer estrés, frustración y/o ansiedad que propiciarán futuros problemas de conducta, como eliminación inadecuada, conductas compulsivas (perseguirse la cola, lamido excesivo...) y también se pueden encontrar más irascibles. A nivel de salud física tendrá peor masa muscular, por lo que será más propenso a lesiones, y al reducirse el gasto calórico, más riesgo de obesidad o sobrepeso que propicia otras enfermedades ya comentadas.

Al igual que la actividad física, es muy importante el correcto descanso para que su organismo funcione correctamente. Piensa que un perro adulto puede dormir tranquilamente unas 12-14 horas al día, aunque no sean todas seguidas, así que el descanso es tan importante como la actividad.

Necesidades sociales

Si aún no te habías dado cuenta, sí, los perros son animales sociales, forman grupos sociales para la convivencia y, de hecho, establecen relaciones sociales complejas entre individuos de su misma u otra especie. Las necesidades sociales de los perros se dividen en dos grandes grupos: la intraespecífica y la interespecífica.

Intraespecífica

Es la relación que se establece entre perros, es decir, entre miembros de la misma especie. Este tipo de socialización le permite practicar y desarrollar las normas sociales y de lenguaje dentro de su especie. Cada animal es un mundo y tiene su personalidad, por lo que dos perros de la misma casa pueden ser totalmente diferentes; hay perros más tímidos o introvertidos y otros más extrovertidos, así que recuerda no forzar las cosas y darle tiempo y espacio para que gestione sus relaciones según su carácter.

Hay gente que cree que es necesario que jueguen, corran y haga otras actividades con los otros individuos, pero no es estrictamente necesario, solo con que haya un olisqueo, por ejemplo, ya supone interacción intraespecífica, por eso no te agobies y que él vaya seleccionando (como ya conoces su lenguaje puedes sacarlo de situaciones que le sean incómodas si él no tiene la posibilidad). Conoce a tu perro, si es tímido no lo juntes con perros desconocidos muy extrovertidos y/o nerviosos, intenta buscar uno de su mismo carácter si es posible. El pipicán no es un lugar para socializar y cubrir sus necesidades sociales intraespecíficas, al contrario, suelen ser sitios pequeños, donde acaba habiendo conflictos y te pueden dar malos consejos que no has pedido. Esto no quiere decir que no vayas nunca, pero pasead, buscad zonas verdes donde estar tranquilos y os crucéis con algún compañero canino, y que haya espacio para interactuar sin presión.

En casa hay más de un perro, recuerda un par de cosas: este hecho no suple la necesidad de socializar con otros perros, así que de vez en cuando intenta dar paseos individuales con cada uno. Es más engorroso, sí, pero los ritmos de cada animal con su entorno son distintos y de esta manera, además, potenciarás el vínculo que tienes con cada uno.

Al igual que con el ejercicio físico no se pueden establecer unas necesidades mínimas de perros con los que tiene que interactuar, porque depende de una cuestión individual, pero que tuviera alguna oportunidad de hacerlo diariamente estaría genial. Hay perros que no se suelen relacionar bien con otros perros por su personalidad, y no es que esté mal, son así. Una vez más se trata de hacer un esfuerzo proactivo por tu parte para conocer a tu perro y adaptarte a lo que él realmente necesita.

Interespecífica

Aquí hablamos de relaciones entre especies diferentes y, en este caso, haremos referencia a la humana y la canina. Hay muchas formas de socializar con humanos, desde el propio paseo, como visitas y, en definitiva, todas aquellas actividades que podáis compartir siempre y cuando resulten positivas y agradables para tu perro.

El paseo suele ser el momento perfecto para pasar tiempo juntos y hay que aprovechar para hacer actividad física, jugar, llevar a cabo juegos de olfato…, hay un gran abanico de posibilidades. En este paseo se puede encontrar a otras personas. En función de cómo gestione la gente nueva, tú eres el responsable de explicarle a la otra persona si se puede o no acercar y cómo hacerlo. Tienes que tener paciencia porque hay gente que directamente se abalanza sin preguntar si lo puede tocar o le gusta que le toquen.

Un factor en referencia a las personas y la socialización con estas es que los perros nos ven en nuestras diferentes etapas como especies distintas, es decir, que un perro haya socializado con niños de 2 o 3 años no quiere decir que lo haya hecho con niños de 9 o 10 años. Que tenga buena relación con personas adultas no quiere decir que la tenga con personas más mayores (que muchas veces llevan bastón o andador), que le pueden dar inseguridad o miedo. Debes tener esto en cuenta si viene a casa en su periodo de socialización aún.

Dentro de la interespecífica también entran otras especies, por supuesto. Es importante la habituación que se haya hecho previa en su periodo de socialización para facilitarla. La especie más común con la que conviven suelen ser los gatos, aunque también conejos, cobayas y otros animales. Entre especies, también se pueden mostrar conductas afiliativas entre ellos (dormir juntos, lamerse, jugar…).

Necesidades mentales

Este aspecto es el gran olvidado y sin duda de lo más importante: hay muchos perros a los que no se le cubren sus necesidades mentales y acaban desarrollando muchos problemas conductuales únicamente por la deficiencia de esto. Recuerda que hacer trabajar su cerebro es bueno de cara a su vejez y retrasar signos de envejecimiento o progresión de problemas como el síndrome de disfunción cognitiva.

Bases para empezar bien con su estimulación mental

- Evalúa de manera regular las habilidades de tu perro a medida que aumentes gradualmente la complejidad de los ejercicios de entrenamiento. Comienza con tareas simples, como tirar snacks pequeños en el suelo de la cocina. Si pones el juego demasiado complicado se frustrará, perderá interés y conseguirás el efecto contrario.
- Ciertos juegos y juguetes requieren una supervisión constante debido al peligro potencial que representan para el perro. Para los perros que se quedarán solos, asegúrate de que puedan usar estos artículos sin frustración ni daño físico.

Ambas cosas se hacen para evitar accidentes y frustración o ansiedad. Si el perro se enfrenta a un problema que no puede resolver porque es demasiado difícil y no dispone de ayuda, se frustrará y se generará una experiencia negativa de la actividad.

Siempre pongo el mismo ejemplo cuando explico lo de la progresión y dificultad: cuando empiezas a leer, no te dan un libro gordo y con la letra pequeña, porque te frustrarías y lo dejarías; te dan uno que te crea una pequeña dificultad, pero que puedes resolver con letra grande y dibujos. Pues con las actividades que le hacemos a nuestro perro es lo mismo.

La estimulación mental la podemos hacer tanto dentro como fuera de casa. Lo aconsejable es iniciarse dentro de casa, ya que podemos controlar la dificultad más fácilmente al no haber tantas distracciones, estímulos y olores en el entorno que le distraigan. El poder de la imaginación, como verás, es lo que más opciones te dará para hacer estimulación mental; no obstante, te daré algunas ideas básicas.

Buscar

La estimulación mental ocurre naturalmente durante el paseo. Los perros necesitan olfatear durante estos paseos porque proporciona estimulación mental. Es importante nunca evitar que un perro realice estas actividades de olfato. Nuestros perros tienen el sentido del olfato más desarrollado, por lo que debemos permitirles oler cada objeto que quieran.

Además, tenemos que respetar su necesidad y no restringirlos de ninguna manera. Esconder las golosinas o los juguetes de un perro es el punto de partida de cualquier juego de búsqueda. Al hacer esto, puedes animar a tu perro a olfatear el objeto oculto usando su sentido del olfato. Aparte podemos fomentar el olisqueo con ayuda de comida o juguetes. En cualquier caso, la base del juego será esconder (o repartir) el reforzador para que el perro, usando el olfato, lo encuentre.

Con comida, el más básico es el sembrado, que se basa en tirar premios por el suelo para activar el olfato. Las primeras veces es recomendable:

- Elegir un sitio con pocas distracciones sonoras, olfativas y visuales, sobre todo en aquellos perros que no usan el olfato de manera natural y que necesitan más esfuerzo para concentrarse.
- Que nos vea lanzar los premios y decir «Busca» o la palabra que escojas para esta tarea siempre, para asociarlo al hecho de empezar.

Cuando tu perro vaya adquiriendo práctica puedes ir aumentando la dificultad de forma gradual: un poco más escondidos, superficies más complejas, zonas de césped u hojas.

Entrenamiento de habilidades

Esto es lo que se conoce por lo común como adiestramiento y consiste básicamente en el aprendizaje de comandos y señales. Más allá de que sea más o menos útil en función del comando, es una técnica muy buena para la estimulación mental. En este capítulo encontrarás la secuencia de aprendizaje paso a paso de algunos comandos que creo que son útiles para el día a día y que deberías enseñarle a tu perro.

Estimulación mental dentro de casa

- **Alfombras olfativas o LickyMat:** este tipo de herramientas nos permiten darle parte de su ración (si es pienso o lata) de una forma más interactiva. Puedes usarlas también si usas BARF triturado. En la alfombra pondremos parte del pienso o snacks (lo seco) y la LickyMat se usa para la comida húmeda y alimentos más frescos.

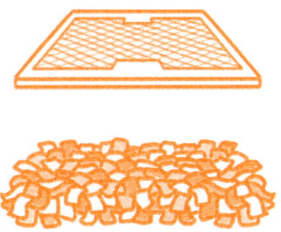

- **Juguetes interactivos:** requieren una interacción más difícil que los anteriores, ya que tu perro debe resolver una tarea para conseguir sacar los premios de allí dentro (darle golpes, hacerla rodar, por ejemplo) y acceder al premio, que es la comida en este caso.

- **Juguetes rellenables:** estos te permiten meter la comida dentro y tu perro tendrá que sacarla. Pueden ser comerciales, como las pelotas rellenables y sus derivados (los más conocidos actualmente son los Kong originales).

Como te he comentado, lo bueno de este tipo de juguetes interactivos es que se pueden replicar de mil formas y opciones con cosas que tenemos por casa, yo recomiendo tener algún juguete de este tipo comercial y luego divertirse en casa creando alguna cosa sencilla. Te doy algunas ideas:

- botellas de plástico con agujeros y dentro snacks o pienso
- cajas de cartón de cualquier tamaño y meter los premios o comida dentro
- rollitos de cartón de papel higiénico o de cocina y dentro snacks o pienso
- los botes de los premios de los huevos sorpresa (Kinder). Debes supervisar que no se atragante.
- toalla a modo rollito e ir dejando snacks dentro mientras vamos enrollándola. Para aumentar la dificultad de este luego se puede hacer un nudo a la toalla

Lo bueno que tiene crear esto es que al final es un juego por un parte conjunto, pero también nos sirve para darlo sin estar nosotros delante (previa supervisión) y que sea resuelto de forma autónoma, lo cual hace que tu perro gane mayor seguridad en sí mismo viéndose capaz de resolver problemas. Además, el dejarles recursos de este tipo cuando no estamos en casa y habiendo trabajado con estos juegos previamente, esa seguridad que gana tu perro le ayudará a prevenir problemas, como los trastornos relacionados con la separación.

- **Puzles:** La diferencia fundamental con los anteriores es la complejidad de la habilidad que ha de mostrar el perro (mover fichas, tirar de cuerdas). Es una actividad para que la hagáis juntos hasta que tu perro sea capaz de resolverlo, ya que como implica cierta complejidad puede aparecer la frustración hasta que le coja el truco. En este caso suele ser un juego conjunto, por lo que potencia el vínculo entre vosotros; además de aportarle desarrollo cognitivo a tu perro, hace trabajar la memoria, la creación de técnicas y estrategias para resolverlo, por lo que son aprendizajes que interiorizarán para solventar situaciones también de su día a día.

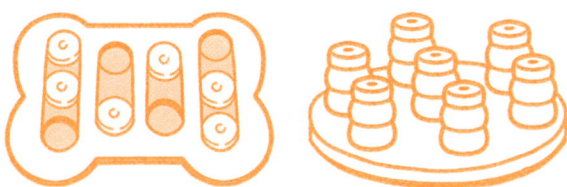

Para cerrar este bloque de la estimulación mental, quiero volver a hacer hincapié en que es muy importante ofrecer estimulación mental a diario. Como ves hay muchas formas y maneras de poder ofrecérsela, es simplemente coger el hábito, al igual que se coge para sacarlo a pasear.

Comandos/Habilidades

Enseñarle cosas nuevas a tu perro sirve sobre todo como estimulación mental más que como algo útil para su día a día. He escogido algunas habilidades para mostrarte cómo hacerlo, pero hay muchas más que puedes consultar por internet o en libros especializados en esta temática para que puedas enseñarle muchas cosas más allá de sentarse, tumbarse o que te dé la patita.

Pautas para enseñar algo

Según los autores y entrenadores de perros, hay varias secuencias y pasos que puedes seguir para enseñar algo a tu perro. La secuencia básica para enseñar algo será la siguiente:

1. Guía a tu perro para realizar lo que quieres con ayuda de un premio que le aproximarás a la nariz y lo usarás para dirigirle moviendo la mano.

2. Cuando haga la conducta que quieres, dale el premio de forma inmediata.
3. Repítelo hasta que tu perro responda a la señal visual/gesto.
4. Introduce la señal verbal justo antes de realizar el gesto.
5. Repítelo y deja unos segundos entre palabra y gesto para darle tiempo a realizar la conducta.

> **PALABRA –GESTO– CONDUCTA–PREMIO**

Comando «sienta»

1. Colócate delante de tu perro con un trozo de comida en el interior de tu mano (tiene que saber que tenemos un trozo de comida, se lo puedes acercar un poco a la boca).
2. Desplaza muy suavemente la mano por encima y hacia atrás del perro. La intención es que inicialmente levante la cabeza inclinándose hacia atrás y termine sentándose. Si se pone nervioso, salta o ladra, ignora estas conductas (no oír, no mirar, no hablar) hasta que se tranquilice.
3. Cuando tu perro vaya a agachar el culo para sentarse, di la palabra «sienta» solo una vez.
4. Cuando se haya acabado de sentar prémiale de forma inmediata y, además de la comida, puedes reforzarlo con caricia y felicitación verbal.
5. Repítelo hasta que lo haya interiorizado.

Comando «quieto»

1. Coloca al perro sentado o echado.
2. Sitúate delante del perro y atrae su atención con un trocito de comida.
3. Extiende la mano con la palma abierta y pronuncia la palabra «quieto».
4. Sin dar tiempo a que pueda moverse, acércate al perro y prémiale su conducta con un trocito de comida y palabras de elogio.

5. Aléjate del perro y repite el ejercicio con la siguiente progresión:
    - Primero, aumenta el tiempo. Antes de empezar a incrementar la distancia debemos aumentar el tiempo que el perro aguanta quieto a una distancia determinada. Por ejemplo, al iniciar el ejercicio realiza un solo paso hacia atrás de forma rápida; paulatinamente, haz este mismo paso, pero cada vez más lentamente.
    - Segundo, aumenta la distancia. Una vez el perro sea capaz de aguantar 10 segundos en la posición de quieto, incrementa con un paso más la distancia de separación entre tú y el perro. Es muy importante que cuando incrementemos la distancia, aumentemos a la vez la velocidad de nuestros pasos; poco a poco, a esta misma distancia, iremos reduciendo la velocidad de nuestros movimientos.
    - Tercero, variando la dirección. Al principio trabaja de cara al perro y caminando hacia atrás. Una vez aguante 10 m en línea recta, varía el ejercicio para poder rodear al animal mientras está quieto. Colócate delante del perro, y ejecuta el ejercicio como te he explicado antes, pero ahora desplazándote hacia un lado. Ejemplo: al iniciar el ejercicio da un solo paso hacia la derecha rápidamente, vuelve a situarte delante del perro y prémialo. Aumenta el número de pasos laterales alrededor del perro volviendo siempre delante de él. Inicialmente permanece a un metro del perro mientras realizas el círculo, progresivamente ve incrementando la distancia entre el perro y tú.
    - Cuarto, perdiendo el contacto visual. Una vez el perro permanece quieto cuando te alejas en línea recta y rodeándolo, empieza a girarte dándole la espalda mientras realizas el ejercicio. Al principio será solo un momento y progresivamente irás incrementando el tiempo que permaneces girado. Cuando el perro tolere mantenerse quieto mientras no lo estás mirando, empieza a buscar barreras físicas entre el perro y tú para que pierda el contacto visual total.

Comando «suelta»

Este comando bien interiorizado y practicado puede ser muy útil e incluso salvarle la vida a tu perro si es capaz de dejar comida o se ve inmerso en algún conflicto. La mejor forma para practicar esto es que tu perro entienda que siempre le vas a dar las cosas, por lo cual no tiene que temer el soltarlas y dártelas, porque en cuanto te las dé, seguirá el juego.

1. Coge dos peluches o juguetes iguales.
2. Tira uno de ellos y cuando lo haya cogido le enseñarás el otro y le motivarás para que venga.
3. Una vez suelte el que tiene en la boca, inmediatamente tira el que tienes en la mano y coge el que ha soltado.
4. Repítelo varias veces.
5. Mientras está soltando el juguete es buen momento para decir la palabra «suelta».
6. Cuando ya lleves muchas repeticiones y veas que ha progresado, haz el mismo ejercicio, pero solo con un juguete o peluche.

Lo bueno de hacerlo de esta forma es que todo el proceso en sí ya es un refuerzo positivo, puesto que el juego también se puede usar como reforzador y al final es lo que estamos haciendo en este caso: enseñarle jugando.

Comando «ven»

Es mejor practicar este comando con dos personas, y hacerlo en un sitio seguro donde el perro no se pueda escapar y no tenga muchos estímulos. Las dos personas tienen que tener premios y se colocarán una frente a la otra.

1. Una persona llama al perro y la otra lo ignorará. Hacedlo así de forma alternativa. La persona que llame al perro deberá estar agachada, de cara al animal y con los brazos extendidos. Si el perro va hacia ella, debe decir la palabra «ven».

2. Cuando el perro llegue hasta uno de nosotros le premiaremos con un trocito de comida, caricias y palabras de elogio.
3. Repetiremos el mismo ejercicio con la persona que ha ignorado al perro.
4. A medida que el perro obedezca la orden en entornos tranquilos, iremos incrementando la distancia y las distracciones.
5. Ir practicando y repetir en ambientes con más estímulos y siempre en un entorno seguro.

Cosas para tener en cuenta:

- Si el perro no viene, no lo perseguiremos.
- Si no viene o viene tarde no le reñiremos. En caso de que no venga, podemos correr en dirección contraria al perro para llamar su atención y motivarlo para que venga.
- No llamar al perro cuando esté haciendo algo «malo», porque entonces acabará interiorizando la palabra «ven» con una experiencia negativa.

Capítulo 14

Educación básica

Para educar a tu perro es necesario definir antes algunos conceptos sobre el aprendizaje para que sepas cuál es la manera correcta de hacerlo. Antes te he explicado conceptos como la habituación y la sensibilización, para que tengas claro qué es lo que buscamos en esos casos. Vamos a profundizar un poco más ahora que estamos en el tema de refuerzos y castigos.

Condicionamiento operante

El condicionamiento operante es una forma de enseñar con la cual tu perro tendrá más probabilidades de repetir las conductas que conllevarán consecuencias positivas y menos probabilidad de repetir las que conllevarán consecuencias negativas. Dentro del condicionamiento operante encontramos:

Refuerzos

Van a hacer que las conductas aparezcan con más frecuencia.

- Positivo: cuando la conducta va seguida de algo agradable para el animal, como snacks, juegos, caricias, palabras. Por ejemplo, si cuando tu perro se tumba le das un trozo de comida, tenderá más a tumbarse para obtener ese premio.

- Negativo: cuando el perro tiene una conducta inadecuada, inmediatamente aparece algo malo o aversivo para el animal.

Castigos

Las conductas se mostrarán menos o no se mostrarán.

- Positivo o activo: cuando el perro tiene un determinado comportamiento, va seguido de algo desagradable o aversivo para él. El animal tenderá a evitar dicha conducta o realizarla menos.
- Negativo o pasivo: cuando el perro se comporta de un determinado modo, algo bueno o agradable para él desaparece. Si estás jugando con tu perro y te muerde, acto seguido paras el juego; es un ejemplo de castigo negativo, ya que en presencia de la conducta (el mordisco), desaparece algo positivo para él (el juego).

	REFUERZO	CASTIGO
POSITIVO	Dar algo bueno al perro para que repita la acción	Le doy algo malo para que no repita la acción
NEGATIVO	Cuando el perro hace una conducta, va seguida de la desaparición de algo malo para él	Algo bueno para el perro desaparece cuando sigue la conducta

Entendiendo los conceptos de esta forma de enseñanza, los recomendados para usar son el REFUERZO POSITIVO y el CASTIGO NEGATIVO.

El uso del castigo positivo está muy arraigado en la educación en general, puesto que erróneamente pensamos que sabemos aplicarlo, y esto no es cierto: aplicar un castigo de la forma correcta requiere que se den una serie de condiciones todas a la vez y de manera precisa y exacta:

- *Que sea de la intensidad exacta.* ¿Cómo sabrás cuál es la exacta para esa acción en concreto? ¿Cómo sabes que no te has pasado un poco o te has quedado corto?

- *Que no sea señalado.* ¿Cómo puedes reñirle sin que te relacione a ti con esa situación? Imagínate que está mordiendo una zapatilla y usas un castigo positivo verbal como puede ser «¡No!». Cuando le pillas, lo que suele suceder es que el perro asocia el castigo a la señal (en este caso tú) y, por tanto, no está aprendiendo nada y cuando tú (la señal) no estés en casa, podrá seguir mordiendo la zapatilla porque no va a recibir ningún castigo.
- *Inmediato.* Ni antes ni después, tiene que ser justo en ese momento preciso y concreto. ¿Y cuál es ese momento? Debe terminar justo en el momento en que el animal deja de hacer dicha conducta.
- *Desagradable para el animal*, que no le guste. Este es bastante obvio y relativamente sencillo.
- Más efectivo si va *acompañado de refuerzo positivo*. Esto es obvio y más que entendible.

Como ves, tener todos estos puntos perfectos es casi imposible (por no decir totalmente), por eso las probabilidades de aplicarlo de la forma incorrecta son del 99 % y de ahí que no se use el castigo positivo en la educación de tu perro, porque tienes más probabilidades de hacerlo mal que bien. Obviamente, doy por hecho que has entendido que la educación y relación con tu perro no se puede basar en los castigos y riñas, pero quería exponerte los datos oficiales de por qué no. Además, hay que tener en cuenta que el castigo positivo traerá consecuencias para tu perro, y el hecho de que se siga usando es porque da una falsa percepción de solución al problema; hay que saber que la mayoría de las consecuencias no son medibles a corto plazo (más allá de la comunicación visual que ahora sí sabes interpretar y te darás cuenta de que te dicen que están incómodos) y se apreciarán de forma visible a medio y a largo plazo:

- *Asociación negativa*: esto quiere decir que sin querer va a asociar negativamente algo que no debía. Es decir, le riñes porque te ha estirado de la correa en la calle y en ese momento está pasando un niño: puede haber una asociación negativa entre el castigo y el niño.

- *Indefensión aprendida:* como ve que la comunicación no sirve de nada para hacerte entender que está incómodo con eso que le haces, se autoanula y no hace nada, lo cual es un grave problema, porque puede ser un animal que pase a morder directamente sin avisar. ¿Te imaginas estar tan muerto de miedo por lo que te hacen que no te quieres mover? Pues eso.
- *Efecto señal:* solo lo hace o no en un contexto determinado. Ejemplo para que lo entiendas mejor: es como si tú sabes que un radar de velocidad está en un determinado punto, entonces solo cumples la normativa de velocidad cuando pasas por ahí y luego sigues «portándote mal», yendo a una velocidad superior a la permitida.
- *Deterioro del vínculo:* basar la educación en la imposición y el miedo no genera confianza y, por tanto, no afianza y fomenta el vínculo perro-tutor.

Cómo deben ser las clases con mi perro

Dedicar todos los días, sobre todo al principio, unos minutos a hacer algún tipo de clases de educación con tu perro está muy bien. No solo le mantienes activo mentalmente proponiéndole nuevos retos o reforzando cosas que ya sabe hacer, sino que hacer cosas juntos y que supongan experiencias positivas reforzarán vuestro vínculo. ¿Y cómo hago estas sesiones de educación?

- Las sesiones deben ser cortas, sobre todo si hablamos de cachorros que tienen una capacidad de concentración de muy pocos minutos. Igualmente, cuando son adultos, es mejor poco y bien que mucho y mal.
- La sesión tiene que comenzar y finalizar con un ejercicio sencillo, bien hecho y positivo para tu perro; de esta manera al finalizar la sesión quedará con un buen sabor de boca.

- Es aconsejable que uses un comando de inicio y uno de final, esto ayuda a focalizar más la concentración de tu perro. Puedes usar las palabras de inicio o final que quieras, aunque creas que al principio le cuesta, acabará entendiendo lo que suponen esas palabras en cuanto establezcáis una continuidad y constancia.
- No se pueden hacer estas sesiones si tu perro no tiene en ese momento las necesidades físicas y sociales cubiertas, porque no estará concentrado, se acabará frustrando porque no le salen bien las cosas y sumará experiencia negativa.

Prevención de problemas

Habituación a la soledad

Sin duda uno de los grandes problemas que tenemos hoy en día con los perros y que ha crecido después de la pandemia de la COVID-19 son los trastornos relacionados con la separación. Estos problemas pueden manifestarse de muchas formas y normalmente solo se pide ayuda cuando suponen un inconveniente para los vecinos o porque destroza la casa, y antes de eso, no quiere decir que no lo esté pasando mal. ¿Cómo podemos prevenir esto? Una buena manera es habituándole a la soledad, así que te explico cómo hacerlo. Para que todo vaya bien, es importante que el perro tenga las necesidades cubiertas (juego, social, ejercicio...).

Recuerda que esto es un ejercicio al fin y al cabo, y debería ser progresivo en tiempo y dificultad, para que no se lleve una mala experiencia por quedarse mucho tiempo solo el primer día. Cuando te vayas de casa, si es durante varias horas, está muy bien dejarle algún objeto con el que pueda entretenerse. Algunas opciones:

- juguetes que pueden rellenarse con comida y que ya los hayas probado primero bajo supervisión
- masticables para perros, como piel de vacuno, por ejemplo
- juguetes interactivos

El Kong es una buena opción. Si no lo conoces ya estás tardando con hacerte con uno para tu perro. Se rellena de comida y tu perro estará entretenido mientras lo vacía. En función del tipo de comida que pongamos dentro, será más o menos difícil que la saque. Hay diversos modelos en el mercado adecuados para la talla y edad del animal.

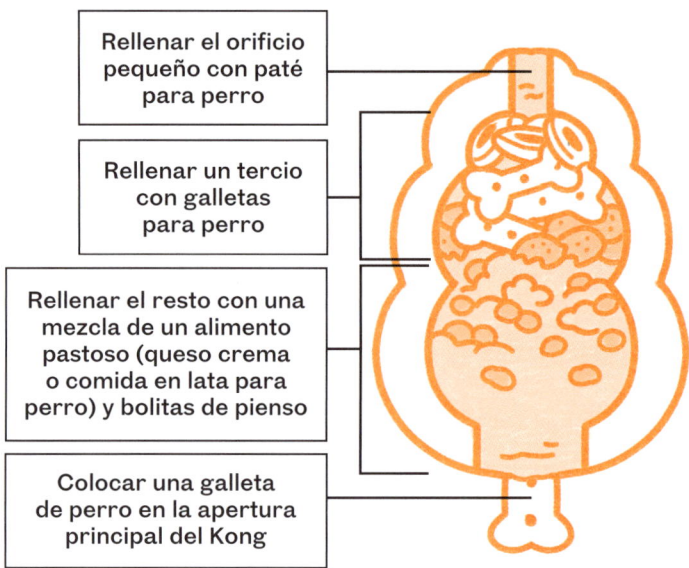

- Rellenar el orificio pequeño con paté para perro
- Rellenar un tercio con galletas para perro
- Rellenar el resto con una mezcla de un alimento pastoso (queso crema o comida en lata para perro) y bolitas de pienso
- Colocar una galleta de perro en la apertura principal del Kong

La zona de descanso donde va a estar el perro en tu ausencia también es importante, aunque no te lo parezca. Esta deberá:

- Estar ubicada en una zona tranquila de la casa y, a poder ser, cerca de ti.
- Siempre que esté en esta zona debemos tener una actitud tranquila, voz suave, relajado.
- Debe ser cómoda y estar bien ventilada.

Haciendo esto convertirá esta zona de descanso en una zona segura y podrá ir allí cuando lo necesite porque tiene miedo o por otros motivos.

Normas del juego

Dos perros jugando a veces arman mucho escándalo. En estas situaciones los tutores no saben si intervenir o no, si están jugando o se están enfadando. He aquí unas normas del juego entre perros:

- Cuando un cachorro juega (con nosotros o con otros perros), es importante que no lo haga con una intensidad exagerada y que no pierda el control de lo que está haciendo.
- Es importante que tenga pausas (se tira un poco y se suelta, se tira un poco y se suelta, por ejemplo, a veces el juguete se lo lleva el perro o cachorro y a veces nos lo quedamos nosotros).
- Cuando los cachorros juegan entre ellos puede haber gruñido, esto es un comportamiento NORMAL y no significa agresividad. También pasa en perros adultos.
- Hay que intervenir, por ejemplo, si los temperamentos son muy dispares, porque se potencian más a los extremos sus propios temperamentos. Estaría contraindicado que cachorros muy tímidos jueguen con cachorros muy atrevidos.
- Que el juego no sea excesivamente prolongado en el tiempo, sobre todo si se trata de cachorros. Es mejor hacer varios momentos de relación a lo largo del día que no uno y que queden muy cansados, porque también dificultaría el aprendizaje de las normas sociales.

Habituación al transportín

Necesitarás un transportín para un viaje o tal vez lo quieras usar a modo de caseta y lugar de seguridad. En cualquiera de los casos, deberás hacer una habituación para que tu perro lo vea como algo positivo. Para que se habitúe al transportín puedes seguir los siguientes pasos:

1. Elige el sitio donde poner el transportín; si es en un lugar en el que al perro le gusta estar, mejor que mejor.

2. Deja el transportín siempre abierto y deja que investigue. No fuerzas la entrada ni nada, simplemente deja que se vaya acostumbrando a su presencia. Si tu perro entra a olfatear o mete la cabeza, aprovecha para, de forma relajada, decirle que lo está haciendo muy bien y felicitarle por ello.
3. Cuando ya se ha acostumbrado a la presencia del transportín, deja premios en la entrada y en el interior de este y lo vas felicitando.
4. Una vez ya se sienta cómodo, puedes ponerle dentro una camita, algún juguete y cosas que le resulten agradables.
5. Si le das masticables, puedes aprovechar para dárselos dentro del transportín y que mastique ahí.

Y ya lo tienes. Seguramente con esto ya lo estará usando como su guarida, así que tienes ya positivizada su casita portátil. Y como siempre, tómate tu tiempo, siempre experiencias positivas y paciencia.

Habituación al bozal

Todos pensamos que nunca necesitaremos el bozal, pero lo cierto es que tendrás que utilizarlo en algún procedimiento veterinario al que le tenga miedo, por temas legales, si vas en transporte público o en otras circunstancias. En esos momentos tenerlo que poner a la fuerza es un error garrafal, así que es mejor trabajar en positivizarlo para cuando sea necesario. No olvides ir haciendo recordatorios.

1. Usa un bozal tipo Baskerville, ya que te permite premiar, que el perro beba agua, que no se sienta agobiado y pueda jadear.
2. Enséñale el bozal con una mano y con la otra le vas dando premios. Haz esto durante varios días.
3. Cuando lleves unos días, pon un poco de comida húmeda en el bozal por la parte más externa, es decir, que no tenga que meter el morro para lamerla. Hazlo durante varios días y cada vez introduce la comida un poco más adentro para que vaya metiendo el hocico.

4. Una vez ya meta el hocico para comer lo del fondo y esté contento, puedes empezar a trabajar con la tira sin atarla, para que se vaya acostumbrando al tacto; la pasas y la quitas, y lo haces así unos días (siempre con comida húmeda en el fondo).
5. Cuando el paso 4 está superado, es el momento de abrochar el bozal y desabrocharlo, con comida húmeda dentro, y repetir.
6. Una vez consigas atarlo y que el animal se sienta bien, incentívale a moverse y le vas dando premios a través del bozal.

El paseo

He querido incluir un pequeño apartado sobre el paseo para comentarte algunas cosas. Primero te explicaré algunos errores bastante típicos para que no los cometas, cosa que yo sí hice durante años.

10 errores frecuentes en el paseo

1. Pensar que es tu paseo y no su paseo: es el momento de tu perro, aunque lo disfrutéis conjuntamente, él no tiene entretenimientos ni cosas que hacer en casa.
2. No dejarle oler tranquilamente: tienes que pensar que para ellos es una forma de comunicación importante como ya te he explicado, y sería como tus redes sociales y noticias; es su forma de estar informado de lo que pasa en el barrio, de ver si han pasado perros nuevos, si alguna perra está en celo, incluso si hay un perro vecino que está enfermo. Da igual que se pare en el mismo árbol un rato, recuerda que es su paseo.
3. Usar material incorrecto: correas demasiado cortas y herramientas punitivas para el animal (dañinas). Esto lo ampliaremos cuando hablemos del material de paseo.
4. Priorizar la cantidad antes que la calidad: creemos que tiene que ser una marcha militar y andar y andar, y no, hay que oler y es preferible hacer menos trozo si es que se te ha cumplido el tiempo que tenías a que, por querer avanzar más el paseo, no cubra sus necesidades más allá de las físicas.
5. Inundarlo de cosas que no le gustan: aquí podemos incluir el pipicán, los centros comerciales, calles con mucha gente y

vehículos. Todo esto puede ser un abrumador para muchos perros, así que observa sus señales a ver qué te dice.
6. Pasear siempre por el mismo sitio: si no cambiamos nunca un poco el recorrido, los olores y feromonas cambian, pero normalmente poco, ir a un sitio nuevo de vez en cuando o cambiar el itinerario puede suponer una experiencia enriquecedora para muchos perros.
7. Ir mirando el móvil: estamos tan pendientes de los teléfonos que ni en ese momento los dejamos, y ya no se trata solo por aprovechar ese momento de paseo juntos de forma plena, sino porque muchas veces cogen algo del suelo o incluso tienen alguna riña con otro perro que se podría haber evitado si estuviéramos más atentos.
8. Que nunca socialice: ya hemos dicho que cada perro tiene su personalidad y algunos son más sociales que otros, pero es importante que, aun adaptándonos a las circunstancias de cada perro, tengamos contacto con algún compañero peruno que se lleve bien.
9. Pegarle tirones de correa: no deja de ser aplicar un castigo y no tiene sentido en la forma de entender para el perro y corres el riesgo de que haga una asociación negativa contigo, con un niño pequeño que acaba de pasar, además de incomodarle y hacerle daño, claro.
10. Que siempre sea en zona urbana. Hay que ir al campo, a la montaña, a la naturaleza de vez en cuando; eso es un chute de vitalidad y bienestar para tu perro.

Herramientas del paseo

El mercado ofrece una muy amplia gama de herramientas para pasear al perro: muchos tipos de collares y de arneses, así que intentaré brindarte un poco de ayuda con la selección para que lo tengas más fácil.

Herramientas que nunca se deben usar:

- collar de descargas / impulsos eléctricos
- collar de pinchos
- collar de ahorque / semiahorque

Todos estos collares cumplen la función de «educar» basándose en el castigo, por lo que dan una falsa percepción de resolución del problema, ya que no toma en consideración la causa ni tratan de reconducirla y lo que realmente hacen es empeorar los problemas emocionales del animal. Sí, este tipo de collares son maltrato animal y tenemos estudios científicos que nos muestran algunos problemas con este tipo de herramientas. Por ejemplo, los collares eléctricos pueden tener fallos y provocar necrosis en el cuello del perro. Los fallos en la intensidad de la descarga[1] pueden cambiar el estado emocional del animal, puesto que en un caso realiza la conducta que quiere el tutor de forma positiva para obtener una recompensa y en el uso de collares lo hace para evitar una descarga.[2] Además, los profesionales que lo recomiendan y dicen que es seguro, aun usados por ellos, los perros que los han llevado presentan marcadores de niveles de estrés elevados.[3,4] El GEMCA expone su posicionamiento sobre estos collares en su página web.

A partir de aquí tenemos la opción de usar arnés o collar. Como normal general, siempre es más recomendable un arnés que un collar, y no, un arnés de paseo no hace que el perro estire más o menos, lo que hace que un animal estire son los problemas emocionales y/o conductuales que pueda tener.

El collar puede ser útil para animales que no estiren (primero de todo) y para aquellos que por cuya morfología no se le adapten bien los arneses. En el resto, y salvo casos individualizados, el arnés es la mejor opción por seguridad física y emocional para el animal.

Arneses en «Y» o en «H» son las mejores opciones. Los hay con anilla en el pecho, que te servirá para controlar mejor a tu perro si presenta problemas emocionales en la calle. Hay arneses que no son recomendables (ilustración de arriba), puesto que no permiten la total movilidad de la extremidad, y eso, a medio y largo plazo, podría derivar en problemas del sistema musculoesquelético. En cambio, un arnés como el de la ilustración de abajo permite que el hombro esté totalmente libre para moverse al caminar.

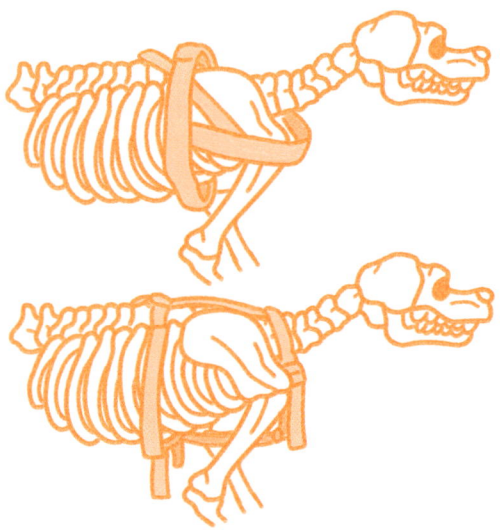

En cuanto a la correa: nada de correas cortas. Estas siempre están en tensión, por lo que tu animal asociará de forma negativa muchas cosas del paseo. Lo ideal es una correa básica de mínimo 3 m (ideal 5) que te permitirá dejarle más o menos en función del sitio dónde estéis. En el caso de animales que por ley tengan que llevar correas de menor tamaño, lo recomendable es escoger la máxima longitud que permita la normativa.

Introducción de un segundo perro

Tienes un perro y crees que ha llegado el momento de incorporar un nuevo miembro canino a la familia. Si has meditado bien esta decisión y las responsabilidades que conlleva, ¡enhorabuena! Ahora bien, como todo en la vida, mejor empezar con buen pie, así que la presentación entre el perro que ya está en casa y el nuevo perro debe cumplir una serie de normas para evitar conflictos iniciales. Entre estos, el tema de la territorialidad o conocerse en espacios demasiado pequeños en los que la falta de espacio aumenta los conflictos al no poder escapar/huir de la situación o tomar distancia. Hay muchas formas de hacer esta presentación, pero te explico una muy fácil:

1. Lo ideal es hacerlo en un terreno neutral y evitar zonas más territoriales, como la casa.

2. Ir a una zona tranquila, a poder ser que te ayude otra persona y no os saludéis de frente, simplemente podéis ir caminando en paralelo a una distancia considerable.
3. Cuando os vayáis a acercar hacedlo en forma de semicírculo y no de frente, que es demasiado invasivo.
4. Intenta que las correas no estén tensas (si ninguno de los perros presenta problemas de comportamiento, el hacerlo sin correa puede ser una mejor opción).
5. Refuerza positivamente si la cosa ha ido bien.

Introducción de un gato

Perros y gatos pueden ser buenos amigos, siempre y cuando se hagan las correctas presentaciones. En este caso si es el gato el que viene a casa y es un gato cachorro aceptará relativamente bien a un perro. En el caso de gatos adultos será más o menos complicado en función de las experiencias que tenga el gato con perros.

1. Mantener perro y gato separados, habilitar una habitación de la casa para el gato donde el perro no acceda y ahí esté tranquilo y se sienta seguro.
2. El primer contacto que sea con ambos animales tranquilos.
3. Ideal ser dos personas para que cada uno se ocupe de un animal. La persona que tiene al gato, y si este lo tolera, puede tenerlo en brazos.
4. Poner la correa al perro para mayor supervisión.
5. Si las actitudes son buenas podemos dejar que el perro se acerque a oler al gato y viceversa. Si el comportamiento sigue calmado hay que ir premiando con refuerzo positivo (premio, caricias).
6. Que inicialmente los contactos sean breves y positivos.
7. Ir alargando los tiempos con supervisión y que siempre sean positivos. Si en algún momento alguno de los animales se pone agresivo o no está cómodo, retrocedemos un paso.

Capítulo 15

Emociones y problemas emocionales

Aún queda gente en este mundo que piensa que los perros no tienen emociones. Sí que las tienen y la ciencia cada vez avanza más en este tema descubriéndonos cosas fascinantes.

Las emociones

Las emociones son el conjunto de respuestas químicas y neuronales que produce el cerebro con el objetivo de promover los estados fisiológicos que aseguran la supervivencia. Es una respuesta involuntaria e individualizada, y las emociones no se refuerzan. Para explicarlo de manera científica, las emociones funcionan por sistemas, y están los sistemas de emociones positivas y los sistemas de emociones negativas.

- Emociones positivas:
    - sistema de búsqueda, deseo
    - sistema de juego social
    - sistema de deseo sexual
    - sistema de cuidado

- Emociones negativas:
    - sistema de duelo, pánico
    - sistema de frustración
    - sistema de miedo/fobia
    - sistema de dolor

Todos estos sistemas emocionales son estimulados o inhibidos por diversos neurotransmisores, y son diferentes áreas cerebrales las que se encargan de ellos, pero tampoco te quiero aburrir con tanto tecnicismo. Lo que es importante que entiendas es que detrás de una conducta hay una emoción o emociones, y que debemos intentar descubrir cuáles son para saber si en ese contexto es normal o no y si la respuesta es desproporcionada. Hay muchísimas conductas innatas que nosotros como humanos nos empeñamos en corregir o cambiar y es un error.

Miedo y ansiedad

El miedo y la ansiedad son emociones que están implicadas en muchos problemas de comportamiento del perro. Son de las que más les afectan, y algunas, como la sensibilidad a ruidos, de forma bastante elevada.

El miedo es una respuesta emocional normal ante un estímulo que el perro detecta como amenaza. Tener miedo ante ciertas cosas es necesario y forma parte de la supervivencia como especie, donde están implicados mecanismo fisiológicos, emocionales y conductuales. En el caso de que el animal no pueda tomar el control de la situación, este miedo puede convertirse en ansiedad.

Las estrategias que puede usar un perro para resolver la situación son la huida, el ataque, quedarse inmóvil o desarrollar señales corporales de conflicto/apaciguamiento.

Hablamos de ansiedad definiéndola como la anticipación a un peligro o amenaza (la fuente puede ser o no detectable).

Los principales signos físicos del miedo en el perro son:

- temblores
- dilatación de las pupilas
- hipersalivación
- vigilancia, tensión
- activación
- reducción del apetito
- piloerección (se les eriza como una cresta el pelo del lomo)
- aumenta la frecuencia cardiaca y respiratoria
- eliminación (orina y heces)
- vómitos
- jadeo
- agitación

Problemas de miedo en el perro:

- Miedo social
    - miedo a personas
    - miedo a otros perros
    - miedo a otros animales
- Miedo no social
    - miedo a ruidos
    - miedo al entorno
- Síndrome de privación sensorial: perros que han recibido muy poca estimulación (suelen ser animales encerrados aislados) en su etapa de socialización desarrollan miedo extremo a todo tipo de estímulos nuevos
- Trastorno de ansiedad generalizado
- Otros trastornos de ansiedad (relacionados con la separación, por ejemplo)

Hay que tener en cuenta que en muchos de los perros los comportamientos agresivos se deben al miedo, es decir, su problema no es que sean agresivos, sino que tienen miedo a algo y su forma de afrontarlo es mediante las conductas agresivas, por eso es importante trabajar los problemas de conducta con el especialista.

Prevención del miedo:

1. adecuada socialización
2. destete y posterior adopción a partir de 7-8 semanas
3. buenos cuidados maternales al cachorro
4. educación de los tutores para detectar señales
5. exponer el perro a diferentes ruidos de forma progresiva en edades tempranas
6. proporcionar enriquecimiento ambiental y ejercicio físico regular
7. contacto regular de intensidad moderada a todo tipo de estímulos

El estrés

Seguro que conoces la palabra «estrés», pero ¿qué es realmente? Es una reacción fisiológica, mental y de comportamiento que permite al organismo enfrentarse a una determinada situación que lo está apartando de su estado ideal de equilibrio y bienestar. Por lo cual vemos que, *a priori*, no es que sea bueno, pero tampoco es malo. Cuando un león está cazando una cebra ambas especies están en una situación estresante, pero para una es una amenaza y, para la otra, es un momento de demanda de autoexigencia. Así que el problema en sí no el estrés, ya que este es una respuesta adaptativa. ¿Cuándo este estrés empieza a tener consecuencias negativas para el organismo? Pues de manera resumida podríamos decir que cuando se vuelve crónico, es decir, cuando esa situación estresante puntual y que era necesaria se mantiene en el tiempo, y ahí es cuando empiezan los problemas derivados del estrés.

Ahora es necesario que sepas qué indicadores te dicen: «¡Cuidado! Tu perro está estresado».

Indicadores de estrés agudo más frecuentes en el perro:

- orinar y defecar
- bostezo

- disminución de la actividad
- aumento de la actividad
- girar la cabeza
- gemidos y lloriqueos
- autoacicalamiento excesivo
- hipersalivación
- agresividad
- lamido de nariz
- jadeo
- temblores
- ladrido excesivo
- conductas repetitivas, como perseguirse la cola

Indicadores de estrés crónico más frecuentes en el perro:

- Reduce el repertorio habitual de comportamientos.
- Se reduce la conducta exploratoria.
- Se altera el comportamiento social y hay aumento de la agresividad.
- Se altera el patrón sueño y vigilia.
- Se altera el comportamiento alimentario.
- Aparecen comportamientos repetitivos y estereotipias (esto es muy importante).

En casos agudos de estrés, revisar el estilo de vida que lleva el animal y comprobar si tiene sus necesidades correctamente cubiertas junto a la ayuda de feromonas es muy útil.

Trastornos relacionados con la separación

Este trastorno se conoce como «ansiedad por separación» (APS), aunque de hecho se encuentra dentro de los trastornos relacionados con la separación (TRS). Aquí le dedico un apartado, pero realmente una posible causa del problema es el miedo o la ansiedad del perro a quedarse solo sin su tutor en casa. Las causas pueden ser varias, desde que no se estén cubriendo correctamente sus necesidades, y de ahí que aparezcan los problemas de conducta, o que realmente haya un desorden emocional de base.

La expresión «problema relacionado con la separación» (PRS) engloba una serie de comportamientos no deseables que suceden cuando el perro se separa físicamente de su tutor. Seguir los consejos que te he explicado antes para habituarle a la soledad es muy importante... Esto como método de prevención, pero ¿y si ya tengo el problema? ¿Cómo sé que mi perro tiene algún tipo de TRS?

Los signos más reconocidos son los llamados «signos clínicos positivos o productivos» y son aquellas conductas que aparecen o se intensifican como consecuencia del problema:

- **Vocalizaciones excesivas:** ladra, aúlla, gime al perder a su tutor de vista o si este se ha ido de casa. Esto suele ser uno de los signos detectados gracias a las quejas de los vecinos
- **Destructividad,** en especial de puertas y ventanas con la intención de eliminar esa barrera que impide estar con su tutor, y también de objetos del tutor, pero no por venganza, porque no tienen esa capacidad, sino por recuperar el contacto olfativo con el tutor.
- **Eliminación inadecuada:** se orinan y/o defecan a pesar de ser animales que ya habían aprendido perfectamente dónde deben hacerlo.
- **Otros:** vómitos, diarreas, hipersalivación, jadeo, se acicala más, entre otros.

Y luego están los signos clínicos negativos o deficitarios que quiere decir que son conductas que desaparecen o disminuyen como consecuencia del estrés o ansiedad del momento:

- **Anorexia:** no come ni bebe mientras está solo y lo hace de forma inmediata en cuanto llega el tutor a casa.
- **Inhibición motora:** no se mueve mientras están separados, pero no descansa ni duerme.

- **Inhibición del juego:** no hace caso a los juguetes con comida o comestibles.

El animal lo pasa realmente mal cuando se queda solo, así que, en estos casos, pide ayuda. En ocasiones necesitarán ser medicados, además del tratamiento conductual.

Capítulo 16

10 mitos de la educación canina

1 Si mueven la cola, siempre es felicidad

Esto no es cierto, el movimiento de cola no solo indica una conducta afiliativa o querer acercamiento, sino que puede indicar ansiedad, nerviosismo o que el estímulo que tiene delante no le está transmitiendo buenas vibraciones. Recuerda que es importante evaluar todo en conjunto y el contexto en el que se producen las cosas.

2 El gruñido es malo

No, el gruñido *per se* no es malo, el gruñido es comunicación y, si está gruñendo, es porque no se atienden señales de menor intensidad o porque estamos ante algún problema de conducta que necesita ayuda profesional. Pero no solo es señal de incomodidad, sino que también se puede dar durante el juego y es totalmente normal que gruña ante situaciones de placer. Recuerda no castigar nunca la comunicación de tu perro, solo empeorarás el problema, aunque no lo veas en el momento.

Tienes que salir antes por la puerta

3 Este consejo intentaba reforzar la necesidad de tener que ser un líder, un alfa, para mandar por encima de tu perro, pero esa relación basada en las órdenes y el sometimiento está infundada en el miedo y no en la confianza, que es lo que necesitas para tener una relación sana con tu perro. Si tu perro sale delante de ti por la puerta no pasa absolutamente nada y lo más seguro es que simplemente tiene ganas de ir a la calle.

No puede subir al sofá

4 Esto sigue el mismo principio de rangos de jerarquía y la necesidad (falsa) de que tienes que ser el alfa de una manda porque tu perro siempre está esperando que bajes la guardia para coger el rango de líder. A tu perro le gusta subirse al sofá porque está blando y se puede dormir a gusto; no es ni mejor ni peor opción el que suba, eso sí, recuerda mantener unas normas en casa y no volver loco al animal.

Si tengo jardín, no es necesario sacarlo

5 Que en un jardín hay más enriquecimiento en el ambiente que en un piso no es del todo cierto. En un piso se pueden hacer muchos juegos de olfato y actividades de interior para enriquecer el ambiente y a lo mejor en el jardín ni siquiera haces nada con él. Las salidas al exterior son importantes para socializar y no vivir en una burbuja, oler cosas nuevas, ver diferentes estímulos…

6. Tengo que tener un carácter fuerte para que me haga caso

Rotundamente no, y de hecho en perros sensibles el tener que alzar la voz para dar una orden o que se vaya a un sitio determinado les provocará miedo. Si has basado tu relación en la confianza, en que hacer las cosas bien trae cosas buenas, no te preocupes, que no es necesario alzar la voz para que tu perro te comprenda.

7. Hay razas más agresivas que otras

No existen razas con rasgos neurológicos o presencia de un gen que por ser de determinada raza sean agresivos. Todos los perros tienen comportamientos agresivos, pero es obvio que un perro de 20 kg te hará más daño en caso de morderte que uno de 5 kg. Pero no hay un concepto raza que determine esto. El carácter está formado por las vivencias, experiencias y educación que se le dé mayormente.

8. Los perros de tamaño miniatura son malos

Primero tienes que entender que los perros miniatura viven en un mundo de gigantes, tanto con el resto de los perros como con los objetos y personas, en consecuencia, de partida no es una situación fácil para ellos. En muchas ocasiones estos gigantes se le acercan de forma brusca y les generan malos recuerdos y experiencias. Además, a veces no tienen cubiertas las necesidades diarias correspondientes porque se cree que por ser de pequeño tamaño, no las tiene. Todo esto puede llevar a que tengan comportamientos agresivos causados por miedo. Así que no, no son malos, simplemente algunos tienen problemas de miedos y necesitan ayuda profesional porque lo están pasando mal.

9

Mi perro sabe que lo ha hecho mal, se le nota en la cara

No, esa cara es de miedo e incomodidad. Ha asociado tu presencia en determinados contextos; no sabe por qué estás enfadado, pero sí lo nota. Un perro no tiene sentimiento de culpa ni sabe sobre la moralidad del bien y el mal, al fin y al cabo, para él revolcarse en excrementos está bien y para ti, como humano, está mal. Él nota si cambias el tono de voz y la postura nada más entrar en casa como si hubiera hecho alguna trastada. La mayoría de los perros ponen igualmente esa cara de «culpable» aunque no haya pasado nada en la casa.

10

Jugar al tira y afloja potencia la agresividad

El tira y afloja con una cuerda es un juego más y puede ser muy divertido si al perro le gusta, y es una forma de trabajar el vínculo. Como todo juego debe tener su inicio y su fin, y evitar que el animal se excite demasiado y luego le cueste bajar las revoluciones, pero no es algo exclusivo del tira y afloja. De hecho, perros mordedores o que les gusta estirar, puede ser un buen juego para descargar y luego que mordisqueen menos. Además, es muy buena opción para practicar el comando de «suelta». que siempre es útil.

Conclusión

Como habrás podido comprobar por el contenido del libro, el mundo del perro es tremendamente extenso y hay muchas cosas que explicar. Me hubiera encantado ampliar algunos temas de forma más detallada, pero mi intención con este manual era clara: una guía básica que no existía (o yo no conocía) con conceptos que toda persona que comparta su vida con un perro debería saber (por supuesto, hay más) y sobre todo que no se hiciera pesada y difícil de entender.

A partir de aquí, si sientes más curiosidad, sabes que puedes encontrarme en mis redes sociales. También te invito a buscar más información o a ampliarla de forma más detallada si algún tema te ha parecido interesante.

Hay muchos temas que parecen fáciles en el papel y que luego pueden no serlo tanto, y no me gusta romantizar el hecho de tener un perro (aunque sea algo maravilloso) porque pecamos de no sopesar bien la decisión que tomamos al incorporarlos en la familia.

Déjame decirte que muchas veces no será un camino fácil y no sabrás cómo actuar ni si lo estás haciendo bien. Te juzgarán por lo que haces o lo que no haces con tu perro, te darán consejos que no has pedido (todo el mundo dice saber de todo más que tú e incluso más que los profesionales del sector), y sí, va a condicionar tu vida en muchos aspectos: cambiarás unos planes por otros, contarás las horas que estás fuera de casa si no te lo puedes llevar contigo, genera muchos gastos y a veces imprevistos a los que hay que hacer frente, si está malo te preocuparás... No es un capricho, es un ser vivo para muchos años. Eso no quiere decir que todo sea malo ni mucho menos, pero prefiero pecar de un exceso de responsabilidad al transmitirte este mensaje, ya que las grandes tasas de abandono animal en nuestro país hablan por sí mismas.

Si estás seguro de la decisión, tendrás a un ser vivo que te recibirá cuando llegues a casa; te hará compañía sin necesidad de decirte palabras; te sacará de un mal día con una trastada, un juego o simplemente estando ahí; te ayudará a desperezarte y a moverte más, lo que también influye en tu felicidad; con una carita amorosa, te tendrá robado el corazón, y para él serás su referente y un pilar basado en la confianza, la seguridad y el cariño. Os enfadaréis como hace cualquier grupo social, pero que estos enfados no perduren, porque no tiene sentido ni educativo ni moral.

Os deseo el mejor de los caminos juntos. No me cabe la menor duda de que, por el mero hecho de tener este libro entre tus manos, eres una persona implicada con el bienestar de tu perro. Lo harás bien. Confío en ti.

Tú y yo hemos establecido un vínculo gracias a estas páginas. ¿Y sabes quién ha sido el artífice de ello? Tu perro.

Notas

Capítulo 0
1. Hunt, RH. (1988) The protective role of gastric acid. Scandinavian Journal of Gastroenterology. 23 (146): 34-39.
2. Botigué LR, Song S, Scheu A *et al.* (2017) Ancient European dog genomes reveal continuity since the Early Neolithic. Nature Communications 18, 8:16082.

Capítulo 1
1. Neilson JC, Hart BL, Cliff KD y Ruehl WW (2001). Prevalence of behavioral changes associated with age-related cognitive impairment in dogs. J Am Vet Med Assoc. 218, 1787-1791.
2. Osella MC, Re G, Odore R *et al.* (2007). Canine cognitive dysfunction syndrome: Prevalence, clinical signs and treatment with a neuroprotective nutraceutical. Appl Anim Behav Sci. 105, 297-310.
3. Scandurra A, Alterisio A, Di Cosmo A *et al.* (2019). Ovariectomy imparis socio-cognitive functions in dogs. Animals 9, 1-7.

Capítulo 2
1. https://wsava.org/wp-content/uploads/2020/01/WSAVA-vaccination-guidelines-2015-Spanish.pdf
2. Wallis, C y Holcombe, LJ (2020). A review of the frequency and impact of periodontal disease in dogs. The Journal of small animal practice, 61(9), 529-540. https://doi.org/10.1111/jsap.13218
3. Marx, FR, Machado, GS, Pezzali, JG *et al.* (2016). Raw beef bones as chewing items to reduce dental calculus in Beagle dogs. *Australian veterinary journal*, *94*(1-2), 18-23. https://doi.org/10.1111/avj.12394

4. Pinto, C, Lehr, W, Pignone, VN et al. (2020). Evaluation of teeth injuries in Beagle dogs caused by autoclaved beef bones used as a chewing item to remove dental calculus. *PloS one*, *15*(2), e0228146. https://doi.org/10.1371/journal.pone.0228146
5. Lage, A, Lausen, N, Tracy, R y Allred, E (1990). Effect of chewing rawhide and cereal biscuit on removal of dental calculus in dogs. *Journal of the American Veterinary Medical Association*, *197*(2), 213-219.
6. Gawor, J, Jank, M, Jodkowska et al. (2018). Effects of Edible Treats Containing *Ascophyllum nodosum* on the Oral Health of Dogs: A Double-Blind, Randomized, Placebo-Controlled Single-Center Study. *Frontiers in veterinary science*, *5*, 168. https://doi.org/10.3389/fvets.2018.00168
7. Hart, BL, Hart, LA, Thigpen, AP, y Willits, NH (2020). Assisting Decision-Making on Age of Neutering for 35 Breeds of Dogs: Associated Joint Disorders, Cancers, and Urinary Incontinence. *Frontiers in veterinary science*, *7*, 388. https://doi.org/10.3389/fvets.2020.00388
8. https://gemca.org/wordpress/el-efecto-de-la-gonadectomia-sobre-la-conducta-en-la-especie-canina-y-felina/

Capítulo 5

1. Scott, MD y Causey, K (1973). Ecology of feral dogs in Alabama. Journal of Wildlife Management,37:253-265.
2. Boitani, L y Ciucci, P (1995). Comparative social ecology of feral dogs and wolves. Ethology Ecology and Evolution, 7(1): 49-72.
3. Butler JRA, Du Toit, JT, Bingham, J (2004). Free-ranging domestic dogs Canis familiaris as predators and prey in rural Zimbabwe: Threats of competition and disease to large wild carnivores. Biological Conservation115: 369-378.
4. Galetti, M y Sazima, I (2006). Impact of feral dogs in an urban Atlantic forest fragmentin southeastern Brazil. Nature and Conservation, 4(1): 146-155.
5. Manor, R y Saltz, D (2004). The impact of free-roaming dogs on gazelle kid/female ratioin a fragmented area. Biological Conservation, 119(2): 231-236.
6. Butler JRA, du Toit, JT y Bingham, J (2004). Free-ranging domestic dogs Canis familiaris as predators and prey in rural Zimbabwe: Threats of competition and disease to large wild carnivores. Biological Conservation115: 369-378.

Capítulo 6

1. Leung, MC, Díaz-Llano, G y Smith, TK (2006). Mycotoxins in pet food: a review on worldwide prevalence and preventative strategies. *Journal of agricultural and food chemistry*, *54*(26), 9623-9635. https://doi.org/10.1021/jf062363+

Capítulo 7

1. Stogdale L. (2019). One veterinarian's experience with owners who are feeding raw meat to their pets. The Canadian veterinary journal = La revue veterinaire canadienne, 60(6), 655-658.
2. Paasikangas, A, Beasely, S, Palmunen, M *et al.* Diet at young age and canine atopy/allergy (type).
3. Hang, I, Rinttila, T, Zentek, J *et al.* Effect of high contents of dietary animal-derived protein or carbohydrates on canine faecal microbiota. BMC Vet Res 8, 90 (2012). https://doi.org/10.1186/1746-6148-8-90.
4. Sandri, M, Dal Monego, S, Conte, G *et al.* Raw meat based diet influences faecal microbiome and end products of fermentation in healthy dogs. BMC Vet Res 13, 65 (2016). https://doi.org/10.1186/s12917-017-0981-z
5. Thunyaporn Phungviwatnikul, HV, De Godoy, MRC, Swanson, KS. (2020). Effects of diet on body weight, body composition, metabolic status, and physical activity levels of adult female dogs after spay surgery, Journal of Animal Science, Volume 98, Issue 3, March 2020, skaa057, https://doi.org/10.1093/jas/skaa057
6. Costa-Santos, K, Damasceno, K, Portela, RD *et al.* (2019). Perfiles lipídicos y metabólicos en perras con carcinoma mamario que reciben suplementos dietéticos de aceite de pescado. BMC Vet Res 15, 401. https://doi.org/10.1186/s12917-019-2151-y
7. Palaseweenun, P, Hagen-Plantinga, EA, Schonewille, JT e*t al.* (2021). Urinary excretion of advanced glycation end products in dogs and cats. *Journal of animal physiology and animal nutrition*, *105*(1), 149-156. https://doi.org/10.1111/jpn.13347
8. McCance D, Dyer D, Dunn J *et al.* (1993). Maillard reaction products and their relation to complications in insulin-dependant diabetes mellitus. J Clin Invest 91 (6): 2470-2478.
9. Vlassara H, Fuh H, Makita Z *et al.* (1992). Exogenous advanced glycosylation end products induce complex vascular dysfunction in normal

animals: a model for diabetic and aging complications. Proc Nat Acad Sci USA 89 (24): 12043-12047.
10. Vitek M, Bhattacharya K, Glendening JM *et al*. 1994. Advanced glycation end products contribuye to amyloidosis in Alzheimer disease. Proc Natl Acad Sci USA 91 (11): 4766-4770.

Capítulo 10

1. Robertson, JL, Goldschmidt, M, Kronfeld, DS *et al*, School of Veterinary Medicine and School of Medicine, University of Pennsylvania, Philadelphia, Pennsylvania, y Baltimore City Hospitals, Baltimore, Maryland, Revisado el 23 de mayo de 1985.
2. Laflamme, DP (2008). Pet Food Safety: Dietary Protein. Topics in Companion Animal Medicine, 23(3), 154-157. https://doi.org/10.1053/j.tcam.2008.04.009

Capítulo 14

1. Lines, JA, Van Driel, K y Cooper, JJ (2013). The characteristics of electronic training collars for dogs. Veterinary Record, 172(11).
2. Schilder, M y Van der Borg, J (2004). Training dogs with help of the shock collar: short and long term behavioural effects *Applied Animal Behaviour Science, 85* (3-4), 319-334.
3. DEFRA AW1402 (2013) Studies to assess the effect of pet training aids, specifically remote static pulse systems, on the welfare of domestic dogs. University of Lincoln / University of Bristol / Food and Environment Research Agency. Informe final elaborado por Prof. Jonathan Cooper, Dr. Hannah Wright, Prof. Daniel Mills (University of Lincoln), Dr. Rachel Casey, Dr. Emily Blackwell (University of Bristol), Katja van Driel (Food and Environment Research Agency) y Dr. Jeff Lines (Silsoe Livestock System).
4. Cooper JJ, Cracknell N, Hardiman J *et al.* (2014) The Welfare Consequences and Efficacy of Training Pet Dogs with Remote Electronic Training Collars in Comparison to Reward Based Training. PLoS ONE 9(9): e102722. doi:10.1371/journal.pone.0102722